# 開箱臺灣史

TAIWAN

吳宜蓉 著

推薦序

# 讓你一口氣讀完的臺灣史

文藻外語大學師資培育中心講座教授、前教育部政務次長　蔡清華

收到宜蓉老師寄來的手稿之後，原本只是想先隨手翻閱，之後再詳細拜讀內容；沒想到一讀卻欲罷不能，完全被各篇生動的主題、作者活潑輕鬆的口吻所吸引住，例如：「老師，神話太唬爛了啦！0到10分？你說神話到底可信度能有幾分？」「回到歷史務實面去理解鄭成功，仔細看他的背景與擁有的資源，不得不說，鄭成功真的是一個很純的富二代呢。」不知道的人還以為是在說星宇航空的張國煒哩！難怪我一口氣就看完好幾篇！

綜觀全書內容，可以歸納有幾個難得的特點值得提出：

首先，如前所述，由於作者任教國中歷史，每天與學生朝夕相處、密切接觸的結果，深諳青少年的次級文化與語言，更能夠透過其角度剖析各個歷史人物面對歷

史事件轉折過程中所做的選擇，使青少年學到的是一種活的，而且是有血有肉的、有溫度的歷史。這正如臺灣在四十年前剛開始引入道德推理教學所採取的價值澄清法教學，一改過去制式的道德教育，強迫學生接受孔融讓梨以及二十四孝等等違反人性的教條，而是透過柯爾堡的三期六段道德推理教學進程，配合學生的認知理解層次，逐步提升孩子的道德發展層次。本書作者在書中可說做了最好的體現！

其次，本書各篇的主題緊扣著一〇八課綱社會領綱的架構加以編排，很適合青少年學生作為社會領域學習過程中的補充教材。尤其作者描述其在授課過程中讓學生試做的作業，可說完全符合領綱中的學習表現，例如：「運用歷史資料，進行歷史事件的因果分析與詮釋」、「從多元觀點探究重要歷史事件與人物在歷史中的作用與意義」，建議學校教師不妨參酌使用，更建議家長可以買來做為與青少年自學、共讀時的談參。

再者，作者在幾篇章節中無意間透露了她在國中歷史課堂上動人的風景：在介紹白色恐怖時期受難者郭慶的女兒郭素貞於將近六十年後才從檔案管理局看到其父親臨死前寫的遺書，知道真相後，作者設計了一張學習單問學生，如果你是郭慶的子女，嘗試寫一封家書給從未謀面的父親。有學生寫道：「爸爸，我們被隱瞞多年……一直誤會您，原來您一直掛念著我們。我們現在都過得很幸福，請不要擔心……」、「阿爸，我愛您，您其實一直都是好人，願您安息。」原來，在有些人仍執著於歷史課應該完整交代中國各個朝代興衰過程的議論時，已有國中歷史老師正在發揮創意，試圖拉近青年學子與歷史事件或人物的距離，並鼓勵學生以同理心試著加以理解與體會。就此點而言，誰能再說一〇八課綱的陳義過高呢？尤其，作者將戒嚴或白色恐怖的執行人員比喻為「狼人」，與電影《返校》裡將情治人員用只聞聲、不見影的魔王表現的手法真是有異曲同工之妙。

最後，作者能夠結合其西洋近代史的素養，在介紹臺灣的相關歷史事件時常常點出該事件發生的同時，西洋或其他國家也發生哪些歷史事件以資對照、比較。例如：「一八六〇年就任英國駐台副領事的史溫侯（Robert Swinhoe）的臺灣氣候與農產的觀察報告……卻引起了一位英國商人陶德（John Dodd）的留心，他實際走訪北臺灣丘陵地後即著手引進知名的福建安溪茶苗，拜託農民購買、種植，並保證全數收購……到了一八六九年，陶德組了兩艘大型帆船，載了總共約十三萬公斤的烏龍茶，從臺灣直達美國紐約銷售，結果大受好評，銷售一空！」多麼生動的描述，讓讀者清楚，原來臺灣早在十九世紀中葉即已成為世界貿易的一員，而不僅僅是在二十一世紀才靠台積電的晶片嶄露頭角！

綜上所述，本書有非常多的特色是當前臺灣史相關書籍所少有的，也是青少年一看即可上手的臺灣史補充讀物，更希望這是作者一系列臺灣史書籍的首冊，讓我們引頸期盼第二冊、第三冊……的出現。

自序

# 這麼近，那麼遠

當總編跟我說，要不要試著寫寫看臺灣史？其實我內心有著許多自我懷疑。坊間臺灣史的專書、研究著作多不勝數，專家學者、前輩大師級的作品都已擺在架上供眾生拜讀了，怎麼輪得到我來下筆呀？

不過，我到底哪來的自信把自己跟這些史學先進們放在一起呢？我是一個歷史教師，不是一個歷史學者。歷史學者的工作是費神燒腦地投注在自己有興趣的領域，進行細緻深刻的專門研究。然而，歷史教師的工作則是絞盡腦汁地引起他人的興趣，嘗試平易近人的教學分享。

我不擅長鑽研，但我很適合科普。如果能用這樣的角度挑戰寫一本給所有人讀的臺灣史，這也許是我可以試試看的事！如此單純地轉念過後，我便開始寫了。然而有時候，做人千萬不要太天真。電影《出神入化》中有一句臺詞說：「當你靠得越近，其實越看不清楚真相」（Because the closer you think you are, the less you actually see.）。當我寫下去之後，才發現屬於我們這塊土地的臺灣史，看似最熟悉卻也最不熟悉，觸摸得到卻揣摩不到，這麼近又那麼遠。

我常常不知道該選擇什麼來訴說，常常會擔心這樣的詮釋可以嗎？每一次寫作，都是掙扎；每一次動筆，都有懷疑。在萬般焦慮不安的情緒下，我依然持續前進，就很像臺灣自身的歷史，很多時候都不太快樂，困在複雜的族群關係裡，陷在糾結的國際角力中。即便如此，每個磕磕碰碰的日常，也許就是連續發生的奇蹟，一路讓我們走到了今天。

所以，我在煩惱什麼呢？臺灣，有兩千三百萬人，四十七種語言[1]，一個眾聲喧譁的土地，是什麼讓我們團結在一起？是海國之民的胸襟開闊，是大洋之子的恢宏通透！縱然我們的歷史有過潮起潮落，想著究竟該寫些什麼給我的學生看，想著該如何寫給那些不熟悉臺灣史的朋友們看，在別人的需要，看見自己書寫的可能。我終究還是放膽寫出自己想寫的歷史了。

謝謝總編輯楒甄與時報出版的陪伴與協助，謝謝我所有古怪又可愛的學生們賜予下筆的靈感，讓我在一路險阻也一路喊苦的過程中，還是完成了一部新作品。

來，準備好了嗎？我們開始上課囉！

1 根據行政院資料，臺灣國家語言有：臺灣華語、臺灣台語、臺灣客語、臺灣手語、馬祖閩東語及原住民族語四十二種語言。

# 目錄

# 第一篇

# 原住民族創世神話

## 多的是你不知道的事——

> 神話其實並不是神仙的故事，而是人類自己的故事。人類各民族在神話中所表達的眞正主題，並不是神仙世界的秩序與感情，而是人類自身的處境，以及他們對於自然世界以至於未來宇宙存在的看法。
>
> ——人類學家，李亦園

人們常說，原住民是臺灣的寶，這群寶藏男孩、女孩們，主要隸屬於南島語族。南島語（Austronesian Languages）是世界上最大的語系之一，包含近一千三百種語言，使用的人口數多達四億。從臺灣開始，一路往南至紐西蘭，往西推進到非洲東岸的馬達加斯加島，往東則到南太平洋東部隸屬於智利的復活節島，這麼寬闊的地理範圍，不要懷疑，他們正是世界上分布最廣的族群！

由於臺灣位於整個南島語族地理分布的最北端，又有著相當複雜的語言分化，在學者的研究裡，臺灣有很大機率就是南島語系擴散的源頭。作為南島語族的可能原鄉，是所有南島族群、文化的起源。不得了！是不是全世界想要探討南島語系的學者們，統統都想排隊入境來臺灣做研究了？

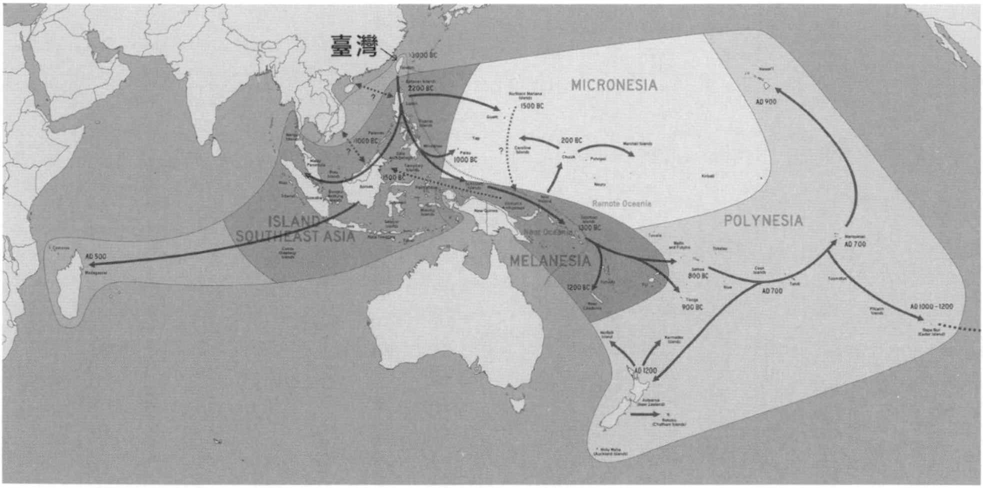


南島語族的地理分布範圍。（出處：維基百科）

唉，是很想研究！可是，也是很難研究啦！臺灣的舊石器時代大致距今五萬年到五千年前，這時彷彿突然出現了一批轉生到異世界的勇者們來到臺灣活動，這群人是誰？是誰的祖先？到底從哪來的？確切的考古資料實在太少，再怎麼嚴刑拷打考古學家，誰也給不出一個標準答案。依據目前相對可靠的人類學證據判斷，現代原住民的祖先們來到臺灣的時間並不一致，有些族群可能定居在臺灣已有六、七千年之久，有些可能是一、二千年前才來到臺灣。由於他們沒有文字，缺乏記錄說明他們的生活樣貌與文化內涵。所以，在所有歷史教科書中，原住民總是被放在史前時代的分期中作介紹與探討。

那麼，沒有文字的一群人，我們該要怎麼認識呢？一種方法，是透過遺物與遺跡的調查。畢竟凡走過必留下痕跡，凡吃過必留下體積，藉由考古學家的挖掘與分析，可以大致重建古代人類的生活方式，還原一個時代的人設與畫風。另一種方法是拆解口耳相傳的故事與神話，撥開迷幻朦朧的腦霧部分。再怎麼荒誕的故事，也都蘊藏著當時人們解釋世界、觀察自然的態度，可以揭露一個時代細緻的心理活動。

我們這次不談遺物跟遺跡，不拿什麼石器、陶器，還是護國神器等東西煩你，

直接帶你進入神話的世界，透過故事的力量，讓你發現每段腦洞大開的敘事裡，其實可都隱藏著人與世界初遇的驚歎與訝異。

## 我就問：神話可信度能有幾分？

「老師，神話太唬爛了啦！零到十分？你說神話到底可信程度能有幾分？」這可考倒我了！

《西遊記》裡孫悟空從石頭裡蹦出來就算了，畢竟人家寫小說嘛！可是布農族也有裂石而生的傳說：「相傳山之巔有一塊巨石，某天，巨石裂開，從裂縫裡跑出了很多人。」不止布農族是石頭寶貝，泰雅族、太魯閣族、賽德克族也說他們的祖先是從石頭裡生出來的。到底哪種石頭這麼威猛，這麼能生？根本少子化救星吧！這一點都不科學！

還有，許多原住民神話裡，皆共同提到：「在很久、很久以前，人類啊，只要吃一粒米，就可以飽了。想要吃肉的時候，只要到山林裡去大喊想吃的動物名稱，看你想吃山豬、飛鼠還是兔子，那種動物就會乖乖地來到你身邊，供你盡情食用。」

我來，我喊，我吃到飽！這種人類與食物雙向奔赴的夢幻劇情，會不會太瞎了？

其實，神話的邏輯混亂，情節跳 tone，是非常正常的事。若把它完全當成古人幻想文，倒也是大可不必。

認真想想，古代的人類生活在這個地球上，雖然缺乏現今的科學知識，但有著身而為人與生俱來的好奇心，面對種種大自然的現象，有困惑，有恐懼，有迷惘。為什麼日月星辰會移動？為什麼人類會死亡？死掉以後的人們究竟會到哪裡去？

好奇是思考的開端，疑惑是解答的動能。遠古人類用自己的生活經驗加上無限可能的想像力，創造出一個又一個的神話，嘗試解釋這些自然現象。再怎麼荒唐的故事，其實都是對於過去的一種記錄與詮釋；再怎麼離奇的敘述，其實都是對於現象的一種觀察與說明。

《神話學》的作者羅蘭・巴特（Roland Barthes），曾經以樹木為例：「一棵樹當然只是一棵樹，但若是一棵由某一個作家所描述出來的樹，那這棵樹就已經被賦予意義了。」因此，神話總是具有某種象徵性。

其實神話的單字就透露出意涵了，mythology 是 myth（謎題）+ logy（探究、學

位於新竹縣尖石鄉，坐擁群山環繞，有「上帝的部落」之稱的司馬庫斯部落。（作者提供）

習）的組合字，釐清神話背後可能的象徵意義，就是一場踏上解謎的探究之旅。在獵奇中找邏輯，在迷離中找秩序。看渾沌（chaos）如何變成宇宙（cosmos），還原神話可能的表徵與內裡，這過程有趣到不行，我們一起來試試看吧！

## 天空為什麼那麼高？

神說：「要有光」，就有了光。聖經《創世紀》裡，記載著神在六天裡創造宇宙的一切。活在天地之間的人類，最初始的好奇，很自然便是我們所處的世界是怎麼來的？

中國神話中，開天闢地的創世神是盤古。祂頭頂著天，腳蹬著地，隨著盤古越長越高，天地的距離也就越來越遠。

在原住民的神話裡，又是怎麼描述天地關係呢？

| | |
|---|---|
| 達悟族 | 「很久很久以前，天空與大地曾經非常的靠近。忽然間出現了一個巨人，用手腳將天地撐開。就在此時，魚從海裡跳了出來，而有些魚恰巧黏在了天上，就變成了銀河。」 |
| 卑南族 | 「在古時候，有一個孕婦在舂米時，她發現天空的位置實在太低了，只要一把杵舉高就會撞到天空，工作起來實在很不方便。於是這位孕婦一氣之下，用力將杵向上一撞，天空居然就被撞飛了，升高到如今的高度。」 |
| 鄒族 | 「古老的世界裡，天空的位置在很低的地方，幾乎與山峰連在一塊，萬物的生存空間因此被壓縮得很小很小。有一天，山中的各種動物聚在一起開會商量，討論要怎麼把天空的位置抬得高一些。講來講去，大家都沒有提出可行的辦法。就在這時候，一隻叫做維維克來（Vivikulai）的小鳥說話了：『我可以幫忙哦！』，其他動物看牠身材那麼嬌小，紛紛取笑維維克來：『你也太不自量力了吧！』沒想到維維克來稍微揮一揮翅膀，暖身一下。接著輕輕向上一飛，一個使力，就把天空舉高了。」 |

讀完這三個不同族群的神話傳說，請你先停下來試著動動腦，這三個故事有什麼共通之處呢？

答案來囉！你有沒有發現，很明顯地，天空的距離似乎都曾經離這些族群所生活的地方特別近？但是，通常在什麼時候，我們會感覺到天空離自己很近呢？

如果你爬過高山，就會知道了。在高海拔地區，常覺得太陽離自己特別近，陽光格外耀眼燦爛，有時雲霧繚繞，伸手彷彿就能摸到雲，有如身處雲端。晚上看星星的時候，也會感覺星星特別大顆！月亮好像就在自己頭上。因此，我們的推論是，可能正是因為這些族群部落的祖先都居住在高山，所以他們總是覺得天空離自己好近，才會有這樣共同的故事敘述。

然而三則神話也都有各自獨特的劇情，這又該如何解釋呢？一樣的，在我試著為你說明之前，請你讀到這裡先暫停一下，試著發揮你的想像力，思考神話可能的隱喻。停一停，想一想，然後我們再一起前進。

達悟族的拼板舟──上面的太陽紋，如同太陽光芒放射，象徵在大海中為船隻指引方向，被稱為船之眼。（作者提供）

## 達悟族的魚與銀河

在達悟族的神話中，提到了「魚從海裡跳了出來，而有些魚恰巧黏在了天上，就變成了銀河。」在達悟族的故事裡，出現了魚，不意外吧！達悟族可是臺灣唯一傳統聚落分布在離島蘭嶼的民族。黑潮在每年的三月到六月，為東海岸帶來包括飛魚在內的大量洄游魚類，讓蘭嶼被稱作是飛魚的故鄉。一般的魚從大海裡跳出來很稀奇，但若是飛魚，一點也不奇怪。傳說的敘述裡，正符合飛魚被鬼頭刀等大魚追捕時受到驚嚇，因此躍出水面滑翔的習性。此外，在沒有導航的時代，人們在海上操舟捕魚需要仔細觀察天象，利用星星的移動位置來辨別方位，這是海洋民族的基礎求生技能。從魚到銀河的故事發展，結合達悟族的生活環境，是不是開始變得理所當然呢？

## 卑南族的孕婦舂米

卑南族今天主要分布在中央山脈南方的海岸地區，臺東縱谷的平原上。所以想像一下，卑南族的部落祖先們早期還住在雲霧籠罩著的高山地區，在高山耕作時老是不見陽光，十分困擾，經常感受到重重烏雲的壓迫感。但是，後來卑南族陸續遷居到山下，搬到了平原一帶。離天空越來越遠，農業卻發展得越來越好，舂米搗物顯得特別快活自在。那麼，神話的主角為什麼是孕婦呢？哎呀！你是不是剛剛也有想到卑南族正是個典型的母系社會呢！卑南族的家庭以女性尊親為家長，女性在部落裡扮演重要的角色，她們要繼承祖業，領導家族，還要負責吃重的田間農事。一杵就能把天空撞飛的孕婦，就是在強調女力撐起半邊天的母族力量！

## 鄒族的靈鳥維維克來

至於居住在阿里山的鄒族為什麼以小鳥作為故事的主角呢？我們推測這隻身材嬌小，卻有著洪荒之力的小鳥維維克來，應該指的是繡眼畫眉。牠是臺灣海拔二千公尺以下森林中數量最多的鳥類之一。作為能在天空自由翱翔的生物，鳥類在古人的眼裡是能與天地共鳴的神獸。尤其繡眼畫眉更是被鄒族視為傳說級的寶可夢！以前老一輩的鄒族人出外打獵時，會在天還沒亮前，在山林裡仔細聆聽繡眼畫眉的叫聲，如果聲音溫和婉轉，表示可順利出發；如果叫聲急切短促，表示此行可能會有危險。透過跟大自然互動，取得一種待人處事的規律關係，是原住民的生存智慧。

## 我只想做你的太陽

在世界各地，許多遠古文明都有一段崇拜太陽的歷史，太陽作為熱量之源，奮力為世界發光，使萬物得以茁壯生長，象徵著光明與活力，也象徵生育和收穫。是一種超群的力量，也是勃勃生機的展現。

關於太陽的神話故事有很多，我為大家介紹兩種經典敘事類型：第一種是「創世起源」型，這裡以排灣族的神話為例：

「遠古時代，我們敬愛的太陽神降落在茶卡包根的山頂，在這裡，祂產下了兩顆蛋，一顆紅的，一顆白的。太陽神命令一隻叫做保龍的百步蛇負責孵育這兩顆蛋。在保龍的守護下，不久後，成功地誕育出男女二神，男神被稱爲『普阿保龍』，女神叫『查爾姆姬兒』。這兩位神的後代，後來便成爲排灣族貴族的祖先。至於一般排灣族平民的祖先，則是從一隻名叫『麗萊』的青蛇的卵所孵出。」

在這個神話中，我們可以分成三個部分來拆解。第一個部分，一切的一切，追根究柢：排灣族貴族的祖先是那兩位神明，而那兩位神明是太陽神的寶寶。反映在排灣族的信仰裡，他們相信頭目是太陽神的直系後裔，而太陽神是萬物的創造者，是排灣族最崇敬、最至高無上的神。

第二個部分，我們不可忽略，太陽神生出那兩顆蛋後，就產後不理了！倒是聘來一個新保母，那條叫做保龍的百步蛇負責將兩顆蛋孵出來！因此在排灣族的信仰，百步蛇是守護神，是太陽神派來守護先祖的「長老」。延伸到後來，百步蛇被視為是排灣族每一寸土地的守衛者，在排灣族的住家門簷、棟梁立柱等工藝製品都會刻有百步蛇的圖騰紋飾，象徵守護之意。排灣族人對於真正的百步蛇本蛇也相當敬畏，祂可是我們祖先當年的保母耶，在山林間碰到就像遇到長輩般必須禮讓祂路過。

第三個部分，細心的你應該有發現，百步蛇保護守護的蛋，孵出了貴族的祖先；平民的祖先則是由青蛇麗萊的卵而生。貴族、平民是由不同種類的蛇孵化而來的神話，強化了部落裡階級的世襲性與封閉性。在早期的排灣族部落裡，貴族與平民是禁止通婚的。而且無論姓氏、服飾，都有明確的階級區分，就連祭典跳舞時，也會按照階級高低排列出場順序。

然而，太陽雖然代表強大的生命力，卻也常因力量的過猛帶來災厄，因此關於太陽神話經典類型的第二種，便是人類展開討伐，向太陽宣戰的「射日傳說」，這裡以布農族的神話為例：

「很久以前，天上有兩個太陽，晝夜不分，酷熱難耐。有一對夫妻非常勤勞，就算日子過得很辛苦，還是冒著豔陽下田工作。他們擔心小兒子熱壞了，就用大葉子爲孩子乘涼，但是當他們準備休息時，竟然發現小兒子在一旁已經被晒乾了！我立刻爆炸！我立刻要嘶吼！我立刻要叫！傷心又憤怒的爸爸，立刻決定要爲民除害把太陽射下來。接下來，爸爸帶著大兒子，離開家鄉，走了很多地方，過了很長很長的一段時間。走著走著，爸爸從黑髮變成了白髮，而大兒子則是變成了強壯的青年，父子倆才來到太陽住的地方。

這對父子用葉子遮住太陽強烈的光芒，接著精準一箭命中太陽，受傷的太陽流出了熱騰騰的血液，但依然使出最後的力氣，逮住這對父子，生氣地問道：『爲什麼要用箭射我啦!?』

爸爸勇敢地說出原因：『還不是因爲你晒死了我的小兒子！』太陽一聽，很憤慨地回嘴：『你們眞是忘恩負義的東西，要不是有我帶來光與熱，你們能安穩生活嗎？但你們從來沒有感謝過我，所以你們的小兒子才會被晒死，這都是你們自己造的孽！』

父子倆聽到了太陽的話，覺得祂說得也沒錯，又看見太陽還在流血，忽然感到有點不好意思，於是便開始爲祂包紮傷口。太陽看到這對父子展現了誠意認錯，也就原諒他們，並承諾未來只會有一個太陽，並且告訴他們：『以後我會變成月亮，你們回到家後要告訴族人，在月圓的時候要祭拜我，這樣你們的穀物一定豐收，人口也會興旺，現在我給你們雞和小米的種子，雞用來報時，小米用來祭祀。』

哇，這個故事也太峰迴路轉了。經過之前的練習，一樣請你試試看該如何拆解這個超展開的故事吧！

其實射日的故事在很多傳說都曾見到，這可能反映了早年人們遇到乾旱或酷暑的痛苦無奈。然而，即便生活痛苦煎熬，有些人在努力和擺爛中，選擇了努力擺爛。但布農族的祖先卻沒有選擇退讓，反而走上征途，儘管漫漫長路，依然還是找到了太陽射出那憤怒的一箭，展現人類對於命運的反擊。有意思的是，太陽在故事裡也是有生命的，會流血，會生氣，會反駁，透過故事轉折，再帶出「敬天」的觀念，解釋祭典的由來，充分反映出原住民與大自然和諧共存的生活哲學。

## 最樸素也最迷人的故事

很多時候，我喜歡這些荒誕的神話傳說，遠大於邏輯清晰的文字記錄。文字記錄經過人們費心的精製提煉過後，多了包裝，多了矯飾，往往失去了最真實的敘說與渴望。然而，神話從來不讓人失望。即使篇幅短小，即便內容樸素，卻充滿了遠古人類對於世界最主觀也最原始的詮釋。

你可以只是單純地欣賞一個趣味的故事，也可以配合文獻資料、人類學證據，進行交叉比對，拆解神話傳說背後可能的歷史真相。

先民的生活可以簡單，也可以複雜，端看你的想像力，喜歡純粹還是豐富。

# 第二篇

# 從大海登入的帳號們——東亞海域各方勢力

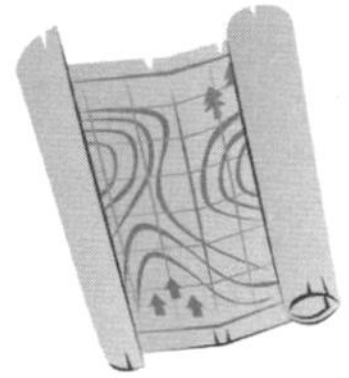

你知道嗎？其實葡萄牙人只要路過看起來不錯的島嶼，就會大喊：「Ilha Formosa！（美麗之島）」

十六世紀是葡萄牙帝國的全盛時期，葡萄牙的水手們縱橫全球到處開發新航線，在這探索的過程中，他們就跟早餐店的老闆娘沒兩樣，遇到男生一律叫帥哥，女生一律叫美女。畢竟在茫茫大海上待太久，只要一瞄到有著綠綠植物的陸地，一律先喊：「Ilha Formosa！」

由於葡萄牙人的熱情與來者不拒，這世界上出現了許多以「福爾摩沙」命名的地名，遍布歐洲、非洲、美洲、亞洲等。例如二〇二二年年拿下世界盃冠軍的南美足球大國阿根廷，它的東北方就有一個省叫做福爾摩沙省。巧合的是，這裡剛好是臺灣貫穿地心後的「對蹠點（antipodes）」。意思就是只要你從臺灣往下挖，筆直地挖出一條隧道，骨骼精奇的你在通過時又沒有被炙熱的地球核心給熔化掉，最後你就會從阿根廷的福爾摩沙省冒出來。

從福爾摩沙穿越到地球的另外一側還是來到福爾摩沙，有沒有很神奇！

可是你知道嗎？葡萄牙人雖然到處喊著福爾摩沙，但他們其實應該沒有在航經臺灣的時候，喊過：「Ilha Formosa！」（美麗之島）哦！

那麼老師，難道臺灣＝福爾摩沙＝美麗之島，其實是個陰錯陽差的誤會嗎？

歷史學家近年來做過許多考據研究，發現目前所蒐集到的各種歷史資料，不管是哪一國的記載，都無法找到葡萄牙航海家或水手們經過臺灣時，驚呼臺灣本島為「Ilha Formosa!」的直接記錄。倒是發現當時的葡萄牙人大多是採用小琉球「Lequeo Pequeno」一詞來稱呼臺灣。

那福爾摩沙呢？我們臺灣是不是再也不能自稱是福爾摩沙、美麗之島了？高雄捷運美麗島站是不是要改名啊？欸欸，不要煩惱這個啦！大概在一五八〇年代，西班牙人就有使用Hermosa島來稱呼臺灣島的記載。而「Hermosa」正是葡萄牙文Formosa的西班牙文寫法。到了十七世紀，荷蘭東印度公司的報告或繪製的地圖，也都是用「Formosa」或「Formoso」來稱呼臺灣。從此之後，歐洲人的確是使用「Formosa」作為對臺灣島的普遍稱呼。

因此，你當然可以安心使用福爾摩沙這個歷史名詞啊！在植物分類學上，以Formosa命名的植物只有兩種解釋，一是指說它是臺灣原生種，或是表示其形態美

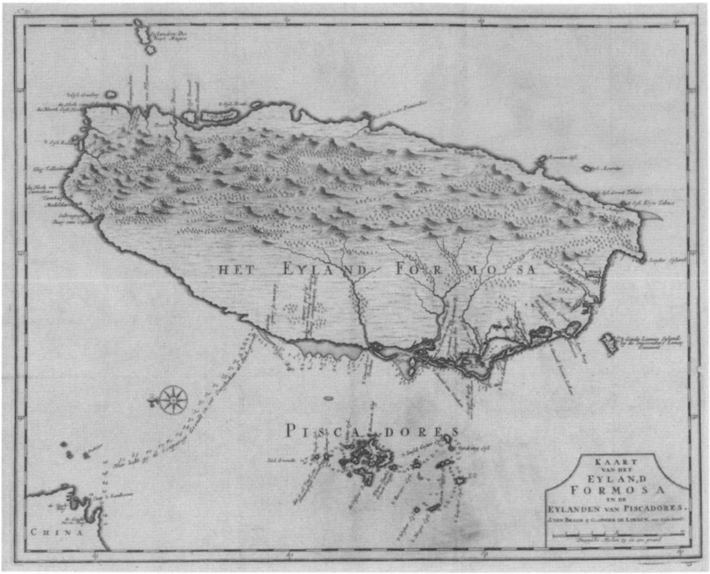


〈福爾摩沙島與漁翁群島圖〉── 1727 年由荷蘭人繪製的臺灣與澎湖地圖。

麗迷人。象徵臺灣的羅馬拼音「Formosa」可是在國際間通用了四百多年之久呢！反倒是「Taiwan」這個名詞，才是真的菜逼八，從清朝末年才開始代表臺灣。

因此，根據福爾摩沙這個名詞的由來，葡萄牙人跟臺灣是不是福爾摩沙確實沒什麼關聯，我們反而應該好好去探討西班牙人、荷蘭人與臺灣的歷史糾結，就先從荷蘭人講起吧！

## 史上首家跨國公司上線啦！

一六〇二年，由十四家在東南亞進行貿易的荷蘭企業，組成了荷蘭聯合東印度公司（荷蘭語：Vereenigde Oost-Indische Compagnie，簡稱ＶＯＣ）

這間公司的狂，沒有極限！ＶＯＣ是歷史上第一家跨國貿易股份有限公司，它擁有自己的私人軍隊，可以自行發行貨幣、制定法律！荷蘭共和國並授予它在好望角以東享有航運貿易的壟斷權。

當時的荷蘭別無選擇，他們知道唯有下放權力，全力養成ＶＯＣ這隻商業巨獸，荷蘭人才有機會在十六、十七世紀的大海上，與早早占有先機的葡萄牙人、西班牙人奮力一搏！

這兩個對手確實不好惹，當年東亞海域價值最貴重的商品，就是東南亞的各種香料以及中國的生絲。葡萄牙人早在一五五三年就進占澳門為據點，搶到了絕佳的地理位置，經營中國和日本的絲綢、白銀貿易。西班牙則在一五七一年占領呂宋島，建造馬尼拉城，以今天的菲律賓為東亞核心據點，經營中國—東南亞—美洲之間的絲綢、香料貿易。

欸，你有發現了吧！一六〇二年荷蘭人才成立VOC，這時候葡萄牙人、西班牙人都已經躺在床上數錢數了幾十年了！你比別人晚入行，就只能比對手更凶悍、更不擇手段，才有機會突破落後的現狀。因此VOC成立沒多久，不斷派出艦隊攻擊澳門、馬尼拉，甚至封鎖附近海域，認真打劫往來其中的對手船隻。

在荷蘭人的積極拚搏下，一六一九年他們拿下了巴達維亞（今日印尼雅加達），作為VOC發展亞洲貿易的公司總部。但是，這裡的地理位置距離中國還是太遠，沒有葡屬澳門、西屬馬尼拉來得吃香。為了充分打通中國市場，荷蘭人直接殺到澎湖。澎湖距離福建的泉州、廈門不遠，只要海相良好，半天即可抵達。另外，澎湖的位置也十分漂亮，可以成為荷蘭船隊在巴達維亞與日本長崎港之間往來的中繼站！花枝丸跟黑糖糕更是非常好吃（大誤），實在沒有理由不占領！因此，荷蘭人不僅來到澎湖，城堡還給它直接蓋了下去：我就是要把澎湖當成基地，明朝你就讓我待在這裡跟你做生意吧！

不過，澎湖當時可是明帝國的領土，我大明帝國的臥榻之側，豈容他人鼾睡！明朝決定展現霸氣，跟荷蘭打了一仗，硬是把荷蘭人給逼退！不過，大明帝國實在是貼心暖男，戰爭結束後，還特別叮嚀荷蘭人：「那個澎湖東南方的臺灣島哦，不是我家的地啦，那裡只有一堆梅花鹿在街上跑。你可以考慮去占領那裡，如果你不知道去臺灣的路怎麼走，我還可以帶你過去喲！」

於是，荷蘭東印度公司在一六二四年登陸臺灣，在福爾摩沙島的大員（今臺南市安平區），建立了臺灣歷史上第一個有文字記錄的統治政權。所謂的臺灣歷史四百年，就是從有明確文字記錄的荷蘭統治時代開始計算。

不過，荷蘭人來到臺灣之初，立刻發現不妙啊，荷蘭人居然是弱勢族群！因為臺灣沿海一帶，不僅已有數千名漢人居住，在大員地區更是有著勢力龐大的原住民族群，例如西拉雅族的四大社：新港社、目加溜灣社、蕭壠社、麻豆社。其中，麻豆社在西拉雅四大社中實力最強，據說可以動員超過兩千名的戰士！

對比之下，當時VOC來到臺灣，也才不過幾百個人！人數的明顯差距，讓荷蘭人清楚，絕不能一開始就來硬的！我們是來臺灣做生意的，在發財與棺材中，千萬要選擇發財。生意要做下去，朋友就得越多越好！因此，儘管我們武器精良，但能先不用就盡量不要用！

於是ＶＯＣ一開始先是透過政治手段向當地的原住民部落釋出善意，進行友好勢力的拉攏與結盟，並且透過深入瞭解各部落間的心結嫌隙，掌握彼此矛盾，趁機挑撥離間。直到進占臺灣後第十一年，荷蘭人才真正出手！一六三五年的冬天，數百名荷蘭士兵聯合新港社，發動戰爭進攻實力最強的麻豆社。過程中荷蘭士兵大肆屠殺，並燒毀所有住家。經此一役，麻豆社不僅元氣大傷，更是派遣族人獻上檳榔與椰子樹苗，表示他們願意讓渡所有祖先遺留下的土地，全部奉獻給荷蘭統治。

這一仗打下來，連向來最猛的麻豆社都被打爆舉白旗投降了，荷蘭人的威勢正式確立！接下來，陸續有原住民部落向ＶＯＣ投降獻出土地，到了一六三六年底，總共有五十七個原住民部落宣誓歸順於荷蘭的統治，ＶＯＣ至此完全控制住臺灣的西南部。

## 荷蘭豆、土檨仔、黃牛

得民心者得天下，但民心絕對不是能用打的打出來！荷蘭人迫切希望能夠藉由基督教義感化這些「番人」。他們相信只要心中有上帝，原住民跟荷蘭人合作起來

就會像親兄弟。

而且，福爾摩沙島絕對是傳播福音的天選之地啊！第一，這裡可沒有什麼強而有力的皇帝、國王，會在那邊嘰嘰喳喳地給你禁教，限制外來宗教的發展擴張。第二，原住民族處於相對原始的部落社會，只有萬物皆有靈的自然崇拜，比起漢人會跟你說一套太上老君、玉皇大帝等成熟的道教宇宙觀，基督教信仰在原住民社會相較之下，有很大的滲入空間。

為了要讓原住民成為虔誠的基督徒，VOC轄下的傳教士們非常努力，他們認真學習原住民語，用羅馬字母教導新港社人拼寫出自己的語言，是為新港文。並蒐集了一些常用語，出版《新港語字典》。還透過新港文重新編寫教義問答小手冊、祈禱文等傳教用書。

當時的傳教景象可以參考歷史記錄：

「有四十五位男孩，都在學習神的道理，練習他們的晚禱和早禱，閱讀他們的書，用新港語言吟誦主的祈禱文和詩篇一百篇所寫的信經。他們還需要更多其他的教材；同樣也有五十到六十位女孩、少女日常在學習基督教義問答書。」[2]

新港文的出現代表原住民族終於有文字啦，真是可喜可賀！即便荷蘭人後來離開了，但西拉雅族仍持續使用羅馬字母來書寫自己的語言，拼寫自己的姓氏，紀錄帳目，例如：小米一斤、鹿皮一張多少錢。一直到十九世紀，當西拉雅族群彼此之間，或是與漢人進行金錢借貸、土地買賣等互動，需要寫下白紙黑字的契約時，也都還會使用新港文進行書寫記錄。這些還存留到現在的文獻與契約，被歷史學家稱為「新港文書」，目前採集到的數量共有一百八十七件。這些為數不多的原住民文字史料，是當代學者研究平埔族群及臺灣史的寶藏！

好了啦！怎麼會這麼認真傳教呢？我們是一間公司耶！不能每天都只是哈利路亞一起發光吧！許多VOC的長官都主張貿易利益的追求，絕對大於培養更多基督徒。

沒錯，十七世紀的臺灣，位在東亞跨國貿易的黃金要道，各方勢力的船隊往來東南亞、中國、日本都會航經臺灣。VOC主要把臺灣當成一個貿易商品的集散地，在大員港口進出的有荷蘭的藥材、巴達維亞的香料、中國的絲綢瓷器、日本的銀兩，朝鮮半島的人參等。光是在臺灣左手進、右手出，荷蘭人透過轉運獲得的暴利，就可以躺著賺了！

然而，占領臺灣的價值不僅於此，臺灣，你到底還有多少驚喜是荷蘭不知道的。例如，鹿皮很快地成為臺灣當時非常重要的出口商品。鹿皮主要銷往日本，日本人喜歡應用鹿皮在甲冑、武器的製作上。在一六三四年到一六三八年，短短四年間，從臺灣輸出到日本的鹿皮由十一萬張增加到十五萬張。然而，曾經在臺灣島上滿地跑的梅花鹿，也因為大量出口、過度獵捕，前景越來越blue，數量急遽減少。

而蔗糖的生產與出口，也是在此時開始。由於荷蘭人發現大員一帶的地形、氣候都非常適合種植甘蔗，於是積極招募漢人來臺開墾。既然漢人都來了，就順便利用一下漢人卓越的農耕技術，在臺灣增加水稻的拓墾面積吧！因此，臺灣的稻米產量也逐年上升。為了要加速開墾面積，提高糖、稻米產量，荷蘭人同時引進黃牛協助漢人進行拖犁拉車。他們想說，臺灣根本是農作物天堂吧！什麼都來種種看好了！抱持著實驗態度，荷蘭人引進了豌豆、土芒果、釋迦、番茄、蓮霧……身為土芒果的粉絲，我沒有要抵制愛文，但我必須向荷蘭人深情告白，謝謝你滋潤了我的每個夏天！

在荷蘭人的努力經營下，根據記錄，一六四九年VOC在亞洲各地的據點，虧損

紅毛城，最早是西班牙人所興建的聖多明哥城。毀壞之後，被荷蘭人占領在此地重建。

的有九處，包括錫蘭（今斯里蘭卡）、暹羅（今泰國）等地。獲利的有十個據點，其中在日本的商館，獲利率占總額的三八．八%，排名第一。而第二名，不好意思，就是臺灣啦，獲利率占了二五．六%！

既然臺灣這樣好賺，怎麼可以只讓荷蘭人賺呢?!

## 西班牙：快閃北臺灣十六年

一六二四年荷蘭人進占臺灣南部後，西班牙人瞬間感到無比焦慮，恐慌症都快要發作了！為了避免日後荷蘭船隊的封鎖與干擾，確保馬尼拉到中國的航路安全，西班牙人很快地整軍出發，在一六二六年北上，從臺灣東北方的岬角──三貂角登陸，接著一口氣占領了臺灣北部的基隆與淡水。

所以呢，千萬不要誤會三貂角的名稱由來，並不是那裡海岬岩石形狀長得很像三隻貂，而是西班牙人登陸後，將此地的部落命名為「Santiago」（聖地牙哥）。你把聖地牙哥用閩南語念個十遍，應該就會得到三貂角了。

但是啊，西班牙人可能八字跟臺灣不合，或是一到臺灣就被衰鬼附身。儘管西班牙人在臺灣陸續蓋了聖薩爾瓦多城、聖多明哥城作為統治據點，但是統治初期的西班牙駐軍與相關人員在北部毫無根基，完全無法自行負擔生活的必需品，每年都需靠著來自菲律賓馬尼拉的船隻補給，才能得到糧食、衣物、武器、白銀等生活用品。但是，北臺灣的原住民部落可沒有在客氣的啦！不時就會發動突襲，而且死都不把食物賣給突如其來占領他們土地的西班牙人！

因此，一開始來到臺灣的西班牙人有夠潦倒落魄，要麼水土不服病死了，甚至還會因為糧食不足而餓死。

而且你有發現嗎？在臺灣的西班牙人就連白銀都需要仰賴來自馬尼拉的補給。

他們手頭的現金有限，卻要支付在臺的西班牙駐軍薪水、建造城堡與維修費用，現金已經被日常支用花到所剩無幾。這時候，當中國商人來到北臺灣港口跟西班牙人進行買賣的時候，便會立刻發現在臺西班牙人根本沒錢買貨！那我幹麼要特別把船開來這裡做生意呢？雪上加霜的是，日本的江戶幕府這時候實行鎖國政策，宣告與天主教為國教的國家西班牙及葡萄牙徹底斷交，禁止一切船隻的往來。

天啊！中國人不想來這裡買貨，日本人又完全拒絕與西班牙人交易，然後臺灣的原住民沒事又要騷擾我幾下，西班牙在臺灣的統治只能無奈地寫下一個慘字！

於是，為了減少開支，西班牙決定削減北臺灣的駐軍，他們毀掉淡水的聖多明哥城，僅駐紮在位於和平島上的聖薩爾瓦多城。留下的薄弱兵力，讓南部的荷蘭人嗅到了有機可乘的味道。

荷蘭渴望將南部據點的統治力量繼續往北延伸，期待能成為整座福爾摩沙島的主人，也巴望著能在北臺灣找到黃金河實現淘金的夢想！於是一六四二年，荷蘭人揮軍北上，輕鬆地取得勝利，結束了十六年西班牙人的快閃活動，成為福爾摩沙島上唯一的統治者。

但可能北臺灣的生活真的比較困難，像電視劇只有特別拍《台北女子圖鑑》，沒有什麼臺南、高雄女子圖鑑。這證明了在北部討生活確實特別戲劇化！我做為南部人，讀大學去臺北念書以前從來不知道衣服會發霉，荷蘭人也從不知道，他們取得北臺灣後人生就會開始倒楣。本來在臺灣經營得順風順水，頓時命運畫風大變！荷蘭人同樣面臨到缺乏糧食的危機，只能從南部的大員不斷地送米過去補給。雨不停國的北部溼氣也特別驚人，在VOC的報告當中提到，因氣候條件差，派駐北臺灣的人員染病與死亡的比例特別高。

好運走到了底，衰事就臨頭。再過了幾年，鄭成功來到臺灣，宣告荷蘭已經走到統治臺灣的盡頭，臺灣的歷史又要進入新的篇章了！

2 江樹生譯（一九九九年）。《熱蘭遮城日誌》（第一冊）。臺南：臺南市政府：378-380。

# 第三篇

# 歡迎來到國姓爺的多重宇宙——鄭成功

你知道臺灣歷史上第一位實況直播主是誰嗎？

答案是「開臺始祖」——鄭成功。

冒著被學生與讀者噓成一片的風險，勇敢地講出這麼不好笑的冷猜謎，作為一個歷史老師的我實在也是用心良苦。

畢竟鄭成功雖然是一個活生生的人類，但死後被不斷神話，不斷包裝，成為漢人信仰中開拓臺灣的始祖，敬奉為「開臺聖王」。直到今天，奉祀鄭成功的廟宇已遍布全臺灣，一共四百五十多間。

身為一個臺南人，我的老家就在開山里的開山路上。沒錯，就是那個曾經誤發國家級警報，邀請全臺民眾一起防患登革熱疫情，做好防蚊措施，轄區為全臺灣的全臺最大開山里。

開山路的西側則是郡王里，因為「延平郡王祠」在這裡，所以叫做郡王里。我的母校臺南女中也坐落在這裡。真的不誇張，下課一出校門，走到馬路對面，就可以進到延平郡王祠，裡面不僅奉祀鄭成功，還設有鄭成功文物館。

所以啊，不管開山王，還是延平郡王，作為一個開山路的居民，鄭成功根本就

延平郡王祠主殿所供奉的鄭成功塑像。（作者提供）

像是我的鄰家大哥哥。只是這位鄰家大哥哥是人也是神，有時候很鹹，也可以很甜。

到底他的形象為什麼如此千變萬化？我要鄭重邀請你一起進到鄭成功的多重宇宙。

## 可鹽可甜的國姓爺

一九四九年臺灣省政府吳國楨主席在省參議會答詢時提到鄭成功是個「熱愛自由、冒險、忠貞，捨己為人，隨時隨地懷抱滅清復明，收復大陸的志願……是五千年來中國歷史上最偉大的人。」

一九八六年，國立編譯館主編暨出版的國中歷史教科書，起手式是這樣介紹鄭成功的：「清兵進入北京後，明朝遺臣先後在南方擁立宗室，繼續抵抗。始稱南明時期……其中因堅決抗清，既表現出浩然氣節，又開創出另一番偉大事業的，只有鄭成功一人。」

哇，抗清品牌唯一指定鄭成功呢！到底鄭成功有多偉大呢？以前的臺灣人通常是這樣認識鄭成功的，我來說給你聽：

鄭成功，本名叫做鄭森。爸爸是鄭芝龍，職業是魯夫的前輩：海盜。在南明時代，鄭芝龍一開始站在南明這邊，大力擁護唐王。這個唐王，當年一看到小小鄭森那麼地聰明可愛，滿滿愛心眼，非常歡喜，立刻賜名改姓他為朱成功。朱是明朝皇帝的姓氏，就等於明朝的國姓，這便是鄭成功「國姓爺」的由來。成功指的當然就是反清復明大業一定要成功。

後來，清兵打到了福建，南明兵敗如山倒。雖然說現在放棄了，比賽就結束了。但現在放棄了，更大的官位就到手了，鄭芝龍眼看風向不對，趕快轉身投入清朝懷抱，成為清朝同路人。然而，他的兒子鄭成功卻堅決不從。反清復明雖然沒有刺在腳底，卻刻在鄭成功的心裡。他繼續堅持抗清的勇氣，讓南明桂王封他為「延平郡王」。

再到後來，南明輸到脫褲，完全回天乏術。鄭成功只好率軍東征臺灣，正義之師國姓爺來臺後趕走了可惡的荷蘭人，成功「光復」臺灣，讓臺灣成為反清復明的愛國基地。雖然鄭成功來臺灣一年多就過世，但臺灣在他的卓越領導與超前部署下，大致的開發方向與規模都已奠定。

末尾，我們的歷史教科書不忘幫鄭成功下了一個可歌可泣的結語：「鄭氏雖身居臺灣，始終忠於明室，奉桂王永曆年號，不忘歸復之志，每年舉行大典，必遙向大陸行禮。」

課本在最後的問題與討論還不忘提醒老師：「請老師指導同學閱讀有關鄭成功的傳記資料，研討他的偉大地方在哪裡。」

萬幸！還好當年的我只是個寶寶，不是個歷史老師，我怎麼有能力承擔得起這麼艱難的討論任務啊？我現在的學生可是這樣告訴我的：「老師，鄭成功他家賣的洋芋片很好吃耶！」嗯，在我露出尷尬而不失教育愛的微笑，耐心向學生解釋鄭成功家並沒有賣洋芋片的同時，我得再次提醒你，上面介紹的鄭成功敘事，是臺灣處在戒嚴時期的「鄭成功宇宙」：很偉大，很愛國，很忠心！

不過，在清朝順治皇帝（一六五九年）眼中的鄭成功則是「逆賊鄭成功，遁跡海隅，梗阻王化，凶殘狡詐，罪大惡極。」白話翻譯是：你這大壞壞鄭成功，氣死！給我躲在偏遠的鬼島臺灣，害我都抓不到你！真的有夠卑鄙狡猾，壞透了！

一六九七年來臺灣遊歷的清朝文人郁永河，則這樣看待鄭成功：鄭成功很猛耶！居然只用臺灣這個彈丸之地的小島，養了十幾萬軍隊！錢多到可以賄賂清朝官員，搞官商勾結！他為什麼那麼有錢啊？因為他們鄭家生意做很大，整個海上貿易通包！賺爛！[3]

史料《歐洲每日大事記》，記錄著被鄭成功俘虜的荷蘭牧師亨布魯克（Anthonius

Hambroek,1607-1661）的描述：「哦，傷心啊！我哀嘆我的生命，竟然必須為這樣子的異教徒，做這些殘酷暴虐的事。現在回來告知國姓爺跟他的黨羽後，這暴君會立刻下令，不管多可憐地求饒，也不會饒恕任何人。他們會不人道地違反上帝造物仁愛而肆行暴虐，甚至連天真小兒都不放過。」

曾經在臺灣工作、旅行的英國探險家必麒麟（Willian Alexander Pickering），一八九八年出版的回憶錄如此描述鄭成功：「最後一位反抗韃靼（清朝）的漢人是國姓爺，是當時一個聲名狼藉的海盜，不時攻擊中國南部沿海。」

這四段資料看下來，你會發現，稍早之前那個很偉大的民族英雄鄭成功怎麼不見了？順治口中的鄭成功就是個讓皇帝恨得牙癢癢的通緝犯；郁永河感覺很羨慕鄭成功的財富自由。亨布魯克牧師談到的國姓爺絕對是個上帝會保送他下地獄的暴君。至於必麒麟所認識的國姓爺，則是一個會時不時攻擊你家村莊的Coin Master玩家。

明治時期的日本學者依田學海則在作品《國姓爺討清記》宣稱鄭成功就是日本人：「諸君，讀吧！讀吧！聲名遠揚的國姓爺具有日本人氣象，本書記錄了他與滿清交戰的大雄略。國姓爺是日本種子發出的芽……他出生在大日本之地，接受了東方的精氣，為人性直、俠氣，遺傳了母親的基因，具有日本魂。」

什麼?!好像不同的平行時空活著不一樣的鄭成功，面對混亂的鄭成功多重宇宙，你要曉得的是，我們每個人身處在地球上扮演的絕對不只一個角色。活在他人的眼裡，活在他人的需要裡，隨著視角的折射，現實的變換，只要施展出時空背景不同之術，每個人的人設與作為都可以流暢自如地切換模組。

如果你想要，每個鄭成功，都可以是你需要的鄭成功。

## 時空背景不同之術：召喚你想要的鄭成功

一九四九年中華民國政府在國共內戰失利後，撤離大陸，固守臺灣。守著小小的臺灣，以「反共復國」作為國家發展的核心價值。欸，你是不是看著看著，覺得這故事有點眼熟啊？

十七世紀的南明政府，打不贏清朝。鄭成功只好撤守臺灣，守著小小的臺灣，以「反清復明」作為據守臺灣的中心目的。

這故事太相似，所以光明正大地抽換概念，鄭成功請您借我們用一用。

鄭成功堅持一個大明帝國，我們堅持一個中華民國；鄭成功反清復明，而我們反共復國；鄭成功驅逐荷蘭人，我們打敗日本人。對於戒嚴時期的政府，這樣的歷史遷移真是完美呼應啊！

一九五〇年，孫立人將軍在入營典禮的致詞時，就用鄭成功的故事勉勵新兵：「三百年前民族英雄鄭成功在臺灣樹立了爲民族爭生存的旗幟，三百年後臺灣同胞又再度加入爲民族爭生存的反共抗俄戰爭，這實在是三百年來第一件大事。今天的臺灣同胞就是許多愛國家、愛民族而投奔鄭成功的志士們的後裔。所以，今天每個臺灣同胞的血液中都充滿了這種傳統的愛國家愛民族的熱忱。」

但，你有沒有發現，只要換個角度，鄭成功又可以變成抗中保臺的臺灣價值守護者？二〇〇二年，時任總統府資政的姚嘉文在臺南市出席「鄭成功開臺三百四十一週年文化節」活動時，致詞中提到：

「三百四十一年前，鄭成功因不願接受清朝統治而來到臺灣，開國立家，並建立『延平王國』，這些歷史眞相必須還原與清楚呈現，對於先人奮鬥過程我們更應該了解。」

你懂的，都你說就好了。你是電你是光你是唯一的神話，你是智慧的結晶，人類的獨苗，上帝的遺珠，最後的希望！你怎麼說都對。究竟鄭成功在不同時代人們的嘴裡到底是要穢土轉生成什麼樣子呢？

依田學海的《國姓爺討清記》是在一八九四年出版。如果你對年代有一點點感覺，就會很快聯想到一八九四年打了一場攸關臺灣命運的戰爭——甲午戰爭。甲午戰爭隔年後，簽訂馬關條約，從此臺灣割讓給日本，成為日本帝國的第一個殖民地。也就是說，日本在此際已明確展現出對臺灣的野心了。

所以，這本《國姓爺討清記》不斷地強調鄭成功與日本的連結：

「明末之際，兼具忠節義氣，名氣轟動中國八百餘川，據守臺灣與清朝征戰的豪傑就是延平王朱成功，乃我日本長崎生人，母親乃我日本烈婦翁氏。」

日治時期的課本，在介紹鄭成功時如此寫道：

「年皇紀二千三百二十一年／後西天皇之御代／鄭成功稱呼臺灣叫做東都／荷蘭人所築的城改稱爲承天府／他整備臺灣開闢全島土地／然而領有的第二年／成功的雄圖成空／年紀輕輕的三十九歲男人在最鼎盛的時期／與這片土地上的露水一同消失／被奉祀在開山王廟／此後明治期間改爲開山神社／社前的樹木茂盛枝葉翠綠／啊眞是美麗／與成功的功績共在一起，神宮飄來梅花的芬芳。」

這段課文深具日式浪漫，彷彿是鄭成功粉絲的心之俳句。第一句提到的皇紀是

1925年拍攝的「開山神社」，出自《最近の臺灣：始政三十年記念》。

日本獨有的紀年方式，以神話中的第一代天皇神武天皇即位元年起算，比現行西元曆法早六百六十年。文中的皇紀二三二一年，等同西元一六六一年鄭成功登陸鹿耳門來到臺灣的那一年，正是日本後西天皇的在位時期。

於是在日治時期的課本中，切斷了鄭成功與中國的連結，取而代之的是加強鄭成功的日本風情。這段課文出現在一九三九年的課本，當時正是中日戰爭，你覺得在暗示什麼呢？三十九歲英年早逝的鄭成功，似乎有點悲劇英雄的色彩，但沒有關係，鄭成功的遺志，我們會繼承的！

通常，歷史讀得越多，你就會覺得都只是人設而已啦！政治來來去去，說法也是來來去去。

「啊，好像鄭成功似的。」

「我看倒有點像國姓爺。」我說。

「真像一片片洋芋片呢！」一位外號叫「大食客」的同學緊接著說。

## 真的是成功：富二代aka大航海王

我們撇除政治力的干擾，回到歷史務實面去理解鄭成功，仔細看他的背景與擁有的資源，不得不說，鄭成功確實是一個很純的富二代呢！

他的爸爸鄭芝龍在十七世紀是東亞海域的一方霸主。當時的東亞海域上，到處都可見鄭芝龍所屬的船隻，他們往來穿梭中國、澳門、日本、菲律賓、越南、暹羅（泰國）等地貿易，與各國官商交涉談判。在國際貿易舞臺大展身手的鄭芝龍會講日語、葡萄牙語、西班牙語，可能還會一點荷蘭語。大家都叫他一官（Iquan）。

鄭芝龍憑藉著富可敵國的海上實力，與明朝政府交好。鄭成功十七歲的時候，芝龍就當到南澳總兵！可不要以為這個職位是今天宜蘭南澳的警察局長之類的，明朝的南澳總兵統管福建、廣東兩省絕大部分的水師兵力，可說是東南沿海一帶的海軍總司令。鄭芝龍利用這個軍事特權，加上原本手上的貿易船隊，完全壟斷了對日本、臺灣及東南亞的海外貿易。直到鄭成功二十三歲，鄭芝龍投降清朝，他所有的海上事業也全都歸鄭成功所管。

鄭成功到底繼承了多龐大的海上事業呢？從南明的官員報告，我們發現他擁有戰艦千艘，大將數百人，兵力二十餘萬。還有在日本、東南亞各地活動的商船可以隨時補充戰力，需要的時候，商船搖身一變成戰艦。

現在想想，到底是南明需要鄭成功，還是鄭成功需要南明呢？什麼國姓爺、延平郡王？如果你是南明，是不是鄭成功想要姓什麼？封什麼王？我都願意賞給你呀！

十七世紀初期，荷蘭東印度公司曾經派遣武裝船隊來到中國沿海，總共集結十五艘船，載了一千餘名的船員與士兵，那是當時公司所能調動到最多的船隻與人力了！荷蘭領有臺灣後，荷蘭東印度公司在亞洲擁有的船隻數量也不超過四十艘船。

鄭成功（冷笑）：根本不是我對手。

就是因為年紀輕輕，勢力便如此龐大，講起話來底氣特別足，鄭成功可不是什麼溫良恭儉讓的人物，他嗆得很！

鄭成功曾經派遣使者，試圖取道安南（今越南北部）到雲南拜見南明桂王。但是安南的外交官要求鄭成功的使者需要用臣子的禮節路過，表示服從安南國王。不過，鄭成功的使者團不僅跟安南的外交官吵架，還拒絕配合，一個轉身便跑去跟鄭成功告狀。鄭成功可沒有因為對方是一國之君就讓步了，海上霸總直接下令：這個安南國有夠沒禮貌，我們以後不跟他貿易了！我大鄭氏宣布從今以後對安南實施經濟制裁！

不只對安南國霸氣外露，一六六二年，鄭成功打敗荷蘭人後入主臺灣南部，沒多久便派人向當時總部在菲律賓馬尼拉的西班牙說：「欸！來朝貢！有沒有看到荷蘭人那副慘樣？快付保護費給我，叫我大哥，我可以考慮收你當小弟。」

## 名字取得好，業配配到老

鄭成功的故事太好用，跨時空的英雄形象，任何人都可以重新詮釋再塑造。

二〇一八年，臺南市政府文化局跟零食業者聯手推出鄭成功洋芋片。這次不只買空氣送洋芋片，還送你一個很潮的鄭成功，包裝上的鄭成功抱著一袋洋芋片，右手比出 Rocker 的手勢，完全顛覆反清復明的形象！後來又跟啤酒廠合作推出成功啤酒，這次的鄭成功手拿著印著「一定要成功」的啤酒，用微醺的紅臉頰說出：「MY WAY，好滋味！」英文都來了，鄭成功不僅喝了洋墨水還成為資本主義的奴隸啦！可能就是這麼顛覆歷史形象，兩樣商品都造成大轟動！直到現在還是觀光客熱愛採買的臺南伴手禮。

作為一個老家在開山路的臺南人，最讓我感慨的不是鄭成功也開始業配。而是，以前跟著《柯南》卡通叫小蘭姊姊、毛利叔叔，那時候的鄭成功更是一位只出現在歷史課本的大人物，以一個成熟英挺的姿態豎立在生活周遭照看著我們。到了現在，時間過得不知不覺，如今我們活到現實的年紀居然快要超過鄭成功在人間走過的歲月了！那我們生命的厚度可有人家精采？

三十九歲就過世的鄭成功，他的生命卻被歷史的解釋多重延展，在我們的有生之年，到底還能有多少新的鄭成功宇宙創建，一起拭目以待吧！

3 原文：「成功以海外彈丸地，養兵十餘萬，甲冑戈矢，罔不堅利，戰艦以數千計；又交通內地，遍買人心，而財用不匱者，以有通洋之利也。我朝嚴禁通洋，片板不得入海，而商賈壟斷，厚賂守口官兵，潛通鄭氏以達廈門，然後通販各國。凡中國各貨，海外人皆仰資鄭氏；於是通洋之利，惟鄭氏獨操之，財用益饒。」

# 第四篇

## 您的偷渡客已出發——清代的移墾漢人

為了夢想衝刺
懂的人都懂
不敢闖黑水溝的人別在那邊酸
客頭說要暫時保管老婆跟家人
訊息暫時不會回～～

#唐山過臺灣 #月薪五萬兩銀子
#脫離山多田少的窮逼故鄉
#娶不完的熟番妹子
#財富自由 #稻米自由 #為自己加油

在你準備上船為了自己的夢想衝刺前，為防止你的歷史老師其實是詐騙集團派來盜採器官的惡棍狂徒，我們還是先來了解一下漢人渡臺的真實歷史吧！

一六八三年，康熙皇帝派施琅攻臺，當時年僅十二歲的鄭克塽沒有掙扎太久就投降了，成為東寧王國的末代君主。不過，解決掉鄭氏政權後，康熙皇帝陷入新的煩惱！這座孤懸海外的小島，朕要不要把它納入領土，成為大清帝國的一部分呢？

有的大臣直白地說：「臺灣這塊土地小不拉嘰，上面還住著一群野蠻人。皇上千萬不要為了統治這塊鬼島浪費錢啦！我主張把島上的漢人統統移回內地即可，臺灣 Let it go！」

也有大臣完全不認同以上說法。

福建總督姚啟聖認為臺灣難攻難守，難得我們打下來了，如果就這樣人島分離、棄守臺灣，那麼很快地臺灣又會被另一批海賊占據，成為東南沿海的後患！所以無論如何，要把臺灣收進來啦！負責攻臺的施琅也極力主張留下臺灣，他認為臺灣是清帝國東南國防的重要屏障，經濟價值也不差，有著滿坑滿谷的甘蔗，滿街跑的梅花鹿，所有該有的都有。

康熙皇帝思量再三後，最後拍板定案！「好！我大清國追加一個臺灣！」臺灣從此成為清帝國的新領土，隸屬於福建省管轄。

只是，康熙皇帝無心認真經營天高皇帝遠的臺灣，對於住在紫禁城的他來說，臺灣真的是偏僻到不行的邊疆小小島。中央想的只有一件事：臺灣不要有人來亂就好。沒有下一個鄭成功，沒有下一個反清復明的逆賊就好。

在這樣的心態下，統治者的想法很單純。我可以接受臺灣滿地甘蔗亂長，滿街梅花鹿亂跑，就是不能接受臺灣人給我歐北來。臺灣的居民越少越好，越少人就越好管，越少人就越不會吵。

為求有效管理臺灣的居住人口，清代官方嚴格限制漢人前往臺灣，所謂的「渡臺禁令」總共有三條：

1. 來臺灣要申請許可證，經過官方嚴格審查批准後才能來！
2. 只准單身來臺，不可以攜帶家眷。
3. 廣東省的人不准來。

你懂這三條規定的毛在哪嗎？

第一條：來臺灣要申請許可證，就跟現代申請出國護照、簽證一樣，要錢啊！而且還要通過官方的層層審查與程序，要等啊！還不一定通過呢！要花錢又要花時

清代來臺移民主要的交通工具──「戎克船」（Junk）。
（出處：維基百科）

間，還不見得能成功，那你會想要去申請嗎？算了嘛，是不是？

第二條：只准單身來臺，嗚嗚嗚……我寂寞我空虛我好冷。我好想念我的家人哦！對啦！你去臺灣啦！你去啊你去啊！看你可以忍受孤單寂寞一個人多久？看你可以多久不想家，多久不回家？中華兒女始終還是要回到祖國懷抱的嘛，就算讓你去到臺灣也待不了太久啦！

老師，第三條好有針對性哦！沒錯，根本就是戶籍歧視。這是因為廣東地區明清以來的海盜活動就十分活躍，之前不少廣東籍小夥伴們更是幫著鄭氏一起搞反清復明的事業。

政府：就是對你們有偏見怎樣，打我啊！

沒想到，都跟你說了不要來，怎麼來臺灣的人還是一個接一個，擋也擋不住呀！

為了夢想衝刺，懂的人都懂。

為了財富自由，為自己加油。

勇闖臺灣打工，偷渡也值得！

# 為了夢想出航的偷渡客們

明明官方就不希望大家去臺灣，為什麼還是有人想來臺灣呢？這些人會是誰？到底在想什麼？出發了又會遇上什麼事呢？

在清代前往臺灣的漢人主要是來自福建、廣東兩省。這兩省都有山多田少、耕地不足的問題。靠種田就能吃飽的機會不多，在沉重的人口負擔下，不少人選擇以討海為生。除了捕魚、貿易之外，他們甚至會選擇離鄉背井直接移民開展新生活！而當時的臺灣地廣人稀，絕對可以比老家提供更多的土地開墾或是就業機會。

臺灣，我來了！

其實我們都懂，如果不是為了生活，誰想要去上班？如果不是渴望財富自由，過年刮刮樂沒中何必那麼失落？為了生活賭一把嘛！與其待在家鄉走投無路，不如大膽出海，勇敢偷渡。何況，臺灣離福建也確實不遠，如果順風，渡船只需要一天一夜就可以抵達，若想讓人生起飛，衝一發吧！

廈門大學的陳支平教授，是福建省惠安人，他曾經針對閩南人的性格進行研究。

他認為閩南人跟傳統漢人比起來，具有相對濃厚的海洋氣息，重視對財富的追求，也更勇於冒險打拚。就我看來，那就是閩南人也許有點浪漫的賭徒性格吧！

畢竟，來臺灣的風險那麼大，確實要憑著一股衝動的賭性啊！

要知道，就算臺灣距離福建最短的直線距離只有一百三十公里左右，理想上順風可以很快到達！但隔開兩岸的臺灣海峽絕不是好惹的。自古以來的記錄皆提到前往臺灣的海道，最險惡的就是那條黑水溝。《臺灣縣志》用「險冠諸海，其深無底，水黑如墨，湍激悍怒。」來描述它的危險。在文人的記錄中，則這樣形容：「（黑水溝）為渡臺最險處。水益深黑，必藉風而過，否則進退維谷。」

今天的海洋科學研究多數認為黑水溝指的是澎湖群島與臺灣島之間的澎湖水道，這是一條水深大概一百到兩百公尺之間，南寬北窄的海溝，多暗礁與漩渦。同時，這裡也是臺灣海峽水流最湍急的地方，水流最快可達秒速四公尺，由於湍急的水流帶走許多沉澱物，海水少了反射陽光的物質，光線可直接穿透到水深處，因此我們看到的海水是極為接近墨黑的深深深藍色，故有「黑水溝」之稱。

在帆船時代，木造的船隻航至黑水溝很容易被湍急的水流沖走，失去方向，甚至顛覆。船難是常常發生的事，夢想往往在起飛前就先被大海沖走了。

就算很幸運地沒遇到船難，你以為偷渡那麼簡單嗎？世界這個東西，從來不對人溫柔。負責包下偷渡事業的負責人，在清代被稱為「客頭」。客頭們只想賺好賺滿偷渡客的錢，偷渡客的死活毫無疑問地，不在他們服務的範圍裡。

當船隻順利橫越過黑水溝，準備靠岸登陸臺灣了。如果你是客頭，你會在哪裡靠岸呢？設施完備的港口嗎？傻瓜！那裡絕對會有官府人員，等著將偷渡客們一網打盡。所以，客頭會特地尋找一些偏僻的港灣，在距離海岸還有一段距離的沙洲就告訴大家：「各位貴賓，我們已經順利抵達臺灣島了，下船時請記得您的行李，客頭及全體組員在此感謝貴賓們搭乘本次的小破船航班，祝各位萬事如意，未來有著美好的打工假期，期待永遠不要再見到您們了。」

嗯，就算說了再見，也真的不會再見了。由於傻傻的偷渡客不明就裡在沙洲就下船了，等到一漲潮，海水整個湧上來，幾秒鐘後便人間登出，被稱為「放生」、「餌魚」！或是走沒幾步路，腳就陷入沙洲的爛泥裡，整個人往下沉，只剩頭露出來，就好像種在田裡的芋頭，被稱為「種芋」。難怪渡臺悲歌這樣寫：「勸君切莫過臺灣，臺灣恰似鬼門關，千個人去無人轉，知生知死都是難。」

就算順利抵達臺灣好了，要好好在臺灣活下去也是個困難的挑戰。《臺灣府志》如此記載：「從今天高雄以南到屏東等處，很熱很熱很熱，有夠熱。但是晚上又會有點涼，冷熱極為容易失調。而且到處都是溼熱蒸鬱的瘴氣，一不留意就會生病。」[4]一六八四到一七〇七年（康熙二十三到四十六年）的九任鳳山縣下淡水巡檢（等同負責管理今天屏東萬丹、東港一帶的警察局長），除了一個人順利申請退休回到中國大陸，其餘八位都死在任內。

「十去，六死，三留，一回頭」，這句話可能不是形容渡臺艱辛的誇飾法，而是倖存者的大數據統計。

## 下一站，種田

能夠順利在臺灣活下來的天選之人，絕對是有一點運氣在身上的。他們撐過了前頭的苦難，下一站準備開始種田啦！

臺灣早期確實地廣人稀，土地只分成兩類，一類是原住民所擁有的番地，剩下的，只要不是原住民的，統統都是「無主地」。但這並不代表你可以直接衝去開墾。如果想要開墾無主地，你必須要先到所屬的縣府進行報備，並說明你想要開墾的土地位置與範圍，述明清楚東西南北的界線。

接下來就會有專門的官員到實際地點進行調查：這塊土地有沒有其他人已經在開墾了啊？這塊土地保證沒有侵犯到原住民的勢力範圍嗎？同時將你的報備申請書公告數個月，確認沒有任何人有意見後，才會發給你所謂的「墾照」。拿到「墾照」後，就確定可以開始開墾囉！

等等！千萬不要一個人立刻衝去田裡蠻幹啊！不要以為種田很簡單啊！要把一片荒地開發成可以耕作的農田，那功夫可大了！你試著先想像，假如你只有一個人，要把學校操場改造成開心農場，到底是多整人的事業！

面對一片荒地，你首先要先將上面的草啊樹的，統統處理掉。放一把火燒還不夠，還要出動犁徹底破壞原本植栽的根，將較深層的土壤翻到上層，接著讓翻出來的土壤可以蓋住燃燒草木後的灰燼，養好土地的肥沃度。然後，還要整地、挖溝，確認土地的排水系統沒有問題，完成以上種種作業，才能開始播種耕作。

想想，早期一口氣申請到的開墾土地面積往往非常大，在那個沒有機械化的時代，開墾土地對人類而言是一件需要付出高度勞動的苦差事，不找人幫忙，肯定自己做到死。再者，這些開墾用的農具：例如犁、耙、鋤頭、鏟子……還有耕牛、種子都需要錢買啊！開墾土地的成本一個人怎麼負擔得起啊！

因此，清朝漢人在臺灣的荒地開墾，都得透過「合資」進行。為了生活，我必須輸不起！但實際墾下去，就知道土地在墾，合夥人一定要有。

例如，一七〇九年諸羅縣府核准「陳賴章」墾號進行臺北盆地的開拓。不要天真地以為「陳賴章」是個人名，由他自己單幹到底。透過當時的墾照，便可發現「陳賴章」其實是一個團體組合，由陳天章、陳逢春、賴永和、陳憲伯、戴天樞一起合夥，共同提出申請。而當時這五個人申請的開墾範圍有夠離譜地大：東至今天永和、中和，西至八里、關渡，南至林口臺地東緣，北至圓山，幾乎涵蓋了今天絕大部分的臺北盆地耶！但是他們畢竟人數有限，實際的開墾面積只有五十餘甲，大概兩座大安森林公園的面積，果然理想很豐滿，現實很骨感！

有時候，不僅漢人要互相合作，也必須跟在地的原住民交涉合夥。例如出身廣

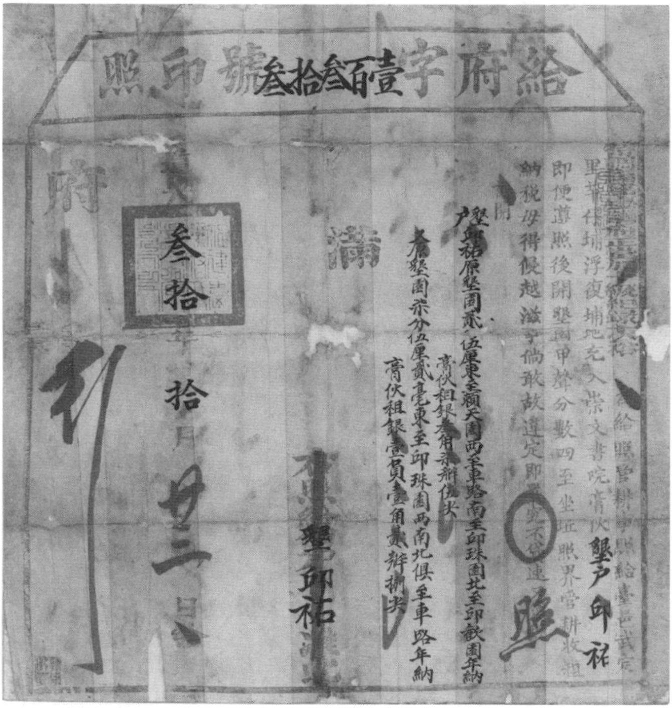


崇文書院核發第 133 號墾戶邱祐墾照。

（出處：國立臺灣歷史博物館提供）

東潮州的張達京前進臺中開墾，他與當地的平埔族岸裡社交換條件：你們讓給我一些番地進行開墾，我負責找一群漢人來蓋水圳，指導灌溉技巧。這就是非常有名的「割地換水」。有了漢番合作的默契與信任後，張達京成立了「張振萬」墾號，邀集親友投資，組成六館業戶。後來成功打造出葫蘆墩圳，引進大甲溪水，灌溉面積遍及今天的豐原、神岡、潭子、大雅、烏日一帶。到了乾隆年間，「張振萬」墾號已將達三千餘甲的荒地開發成良田，吸引更多漢人加入，一起擴張開墾範圍。張達京本人也成為臺中盆地的超級大地主，實現了財富自由的夢想。

只不過，當初「割地」換水的平埔族人，隨著漢人大量進駐，他們的生活空間也不斷被壓縮。本來漢人來到我這，要看我在地人的臉色，現在整個大臺中盆地都是滿滿的漢人，平埔族人地也割了，人數也變得弱勢了，在漢人眼中什麼都不是的他們，日後集體流亡，含恨退出臺中。

永遠都要記得，有人財富自由，也會有人暗夜哭泣，社會的常態是不公平、不正義。

## 下一位，羅漢腳

初期前來臺灣的人，有些早早遇到船難早點轉世投胎去，有些早早開墾，先占先贏，獲得了大筆土地。

不過，隨著來到臺灣的人越來越多，開墾速度跟不上臺灣的人口增長速度，造成了沒有多餘土地可讓人耕種的情況。而且當時臺灣還處在發展中的移墾社會，工商業並不發達。沒有土地可種，沒有工作可找，又沒有老婆可成家，許多人淪為「羅漢腳」。

簡單來說，羅漢腳是沒有親人、沒有老婆、沒有土地、沒有房子、沒有固定工作，什麼都沒有，只能每天在路邊閒晃找事做，晚上隨便睡路邊，居無定所的清代臺灣街友。

因為沒固定工作，憑著有輸過、沒怕過的血氣方剛，三不五時便會成群打架鬧事；因為沒固定收入，凡事不問對錯，又偷又搶又賭，統統都可以！羅漢腳也可謂是清代臺灣８＋９。

然而，正因為當初大家都是一個人勇闖天涯，單槍匹馬來到臺灣，彼此的心境雷同，進而惺惺相惜。你窮困，我落魄，在家靠父母，出外就靠朋友！羅漢腳彼此流行結拜為異姓兄弟，一旦有事，互相聲援幫助，贏要一起狂，輸也一起扛。

不僅羅漢腳會照顧彼此，暖心的是，其他的臺灣漢人也會。畢竟大家幾乎都是隻身來臺，只是我比較幸運嘛，早來早享受啊！來到臺灣初始沒有家眷親友，就只能靠陌生人之間彼此的照應互助。爬梳過去的資料，我們會發現在臺灣移墾社會中，不論疾病、喪葬，村里的鄉民都會大方幫忙！就連陌生人如果想要到你家當沙發客求一晚住宿，清代的臺灣漢人社會往往也會熱情歡迎。

有研究指出，在歐美地區與傳統的中國社會，通常會把這些沒有正業的街頭遊民，視為危害社會治安的危險人物，遊民們往往會被社會大眾歧視，被地方鄉里排擠。但是，清代初期的臺灣對於遊民基本上是抱持著樂於接納的態度，只要有人經濟出現問題，大家會一同出資籌措，幫助他們度過難關。

今天我們常說：「臺灣最美的風景是人。」臺灣社會對於陌生人的友善與熱情，也許就來自於那段曾經刻苦來臺打拚，共同度過艱難日子的歷史血脈相承吧！

你是否有想過，想要離開家園的人們，眼中夢想究竟是什麼形狀？是否只是三餐都能溫飽，在寒冬時有碗熱湯？我想，不管是當初來臺的漢人，還是現代去他鄉追逐夢想的人們，肯定在異地都有很多緊張，很多慌張。天真的人們時常跌跌撞撞，容易被現實割傷。無論如何，他們在日子最難熬的時候，一定只希望生活能夠多一點光吧！

4 康熙五十三年（一七一四年）原文：「鳳山以南至下淡水等處，蚤夜東風盛發，及晡鬱熱，入夜寒涼，冷熱失宜。水土多瘴，人民易染病。」

第五篇

# 小孩子才做選擇，這些我都拜——
# 漢人的宗教信仰

外國朋友常常讚嘆，臺灣到處都有便利商店，每條大街小巷，走到哪就可以買到哪，生活有夠方便。

我說啊，你們這些外國朋友還不夠懂臺灣。跟便利商店比起來，臺灣的廟宇那才叫作遍地開花！每條大街小巷，走到哪就可以拜到哪！舉頭三尺有神明是真的，因為過個馬路三十公尺，就能輕易抵達神明的家。

實際數據告訴你，截至二〇二一年底，臺灣的便利商店，四大超商加起來總共有一萬二千五百三十七家分店。但是根據內政部統計，二〇二一年臺灣登記有案的廟宇、教會（堂）總共有一萬五千一百八十三家啊！假如說一間廟等於一尊神明，平均每一千五百個臺灣人之中，就有一尊神明保佑呢！你有沒有開始覺得出生在臺灣，等於首抽SSR卡？我們真是一群被祝福的子民啊！

或者，換個角度想想，宗教信仰的主要目的是安頓人的身心，透過心靈寄託帶來慰藉，讓自己在面對生活挑戰時，有個精神上的避風港。所以，為什麼要臨時抱「佛腳」？因為要考試了嘛！抱抱佛祖，拜拜文昌，硬要跟神明取個暖，求個心安。平常玩手遊、熬夜追劇時，我們怎麼就不去找佛祖、文昌打聲招呼呢？這麼說來，坐擁成千上萬廟宇的臺灣人，是不是也代表是一群身心靈相對脆弱，常需要向神明討拍的族群呢？

可以這麼說沒錯！我們在前面已經為大家介紹過，早期渡過黑水溝前來臺灣開墾的移民，個個都是敢衝敢瘋的血性男兒啊！我衝！我瘋！不代表我就不害怕。好怕遇到船難變成水鬼，好怕染上瘟疫死翹翹，好怕水災旱災收成去了了，好怕被生番出草頭被割掉。我要活著，我要快樂，我要能睡得安穩！前往臺灣與抵達後所面臨的種種挑戰，都讓宗教信仰成為來臺灣開墾的漢人們生活中不可或缺的精神寄託。

祈求航海平安，我們需要大海女神——媽祖；擔心染疫，我們需要瘟疫之神——王爺；想要五穀豐收，平平安安，就要拜託在地守護神——土地公。萬一真的不幸死掉變成孤魂野鬼，拜託半夜別來鬼壓床——形成了祭祀孤魂的有應公信仰。

這些對於神靈的期待與祈求，隨著漢人移墾的腳步從南到北、由西向東，廟宇一間間蓋起來，逐漸遍布全臺灣。

# 媽祖：海上女神到全能天后

臺灣的大甲媽祖遶境進香活動在二〇〇九年被聯合國教科文組織（UNESCO）列為「世界非物質文化遺產」，也被Discovery頻道選為世界三大宗教慶典之一，與伊斯蘭教的麥加朝聖、天主教於梵諦岡舉辦的耶誕彌撒齊名。

女神的魅力到底有多大？從「三月瘋媽祖」這句俗諺就可以看出來！每到農曆三月，如果你跟著空拍機的視角飛到臺灣上空，就會看到有一大群信眾圍著一頂轎子前進著，人龍綿延幾公里之遠。現場無時無刻不是萬頭攢動，隨行的香客加上夾道歡迎媽祖的當地居民，在沒有COVID-19疫情前，每年總參加人次都破百萬！

這位破百萬訂閱的臺灣第一女神，其實源自於中國福建莆田的湄洲島。湄洲島是一個面積只有十六平方公里的小小島，主要居民皆以漁業維生。據說本名為林默娘的媽祖，生前就經常在沿岸搶救遇險的漁民。待到修道升天後，慈悲為懷的祂更是時常顯靈，可以使海浪平息、迷霧消散、颱風轉彎。由於神蹟不斷，福建沿海的船員、漁民遇到危險時不需要發出SOS求救訊號，只要在心中默念「媽祖保佑」，就有機會化險為夷，平安歸航。

《媽祖聖跡圖》中媽祖身著紅衣於海上顯靈。（出處：阿姆斯特丹國家博物館）

可能有太多靈驗的傳奇故事，朝廷官方對媽祖信仰也越來越重視，從宋朝開始，媽祖的信仰地位不斷提升，從「天妃」晉級到「天后」，到清朝咸豐皇帝年間，媽祖的正式稱呼多達六十四個字：「護國庇民妙靈昭應宏仁普濟福佑群生誠感咸孚顯神贊順垂慈篤祜安瀾利運澤覃海宇恬波宣惠道流衍慶靖洋錫祉恩周德溥衛漕保泰振武綏疆天后之神」。

這是在考驗信徒的記憶力嗎？皇帝到底想整誰？

不過，我們全民女神媽祖就是

貼心。清朝文人有記載[5]，如果你在海上遇到非常緊急的危險，請不要呼喊祂的正式封號，不但六十四個字不用背，連「天后」都不要喊！要記得直接喊：「媽祖」、「媽祖」。這是福建人對於女性長輩的親密稱呼，這時候媽祖會把你當成家人，就算祂躺在床上睡覺，都會立刻起床，頭也不梳，直接素顏衝出門趕去救你！但是，如果你太有禮貌，高喊「天上聖母、天后，快來救我！」謹守進退禮儀的媽祖，為了符合皇帝賜予的封號，必須認真梳妝打扮，換上神明出巡的正式套裝才能出門。在等待媽祖梳化期間，時間一分一秒地過去，完了完了，芭比Q了！

有沒有覺得媽祖很可愛？真是個一絲不苟的神明呀！

早期來臺灣的移民由於需要渡過險惡的臺灣海峽，庇佑航海平安的媽祖成為渡海來臺的首要守護神。但可能是媽祖太慈悲太善良，什麼祈禱都聽，什麼許願都幫，在臺灣人民沒有止境的苦難中，媽祖越來越多功能，從專屬的航海女神搖身一變為多工處理的全能天后。

在臺灣的歷史紀錄中，我們可以看到，遇到旱災的時候，臺灣人民祈求媽祖協助降雨；村里有盜匪作亂時，臺灣人民會拜託媽祖協助平亂；清朝割讓臺灣給日本

時，媽祖還要加入抗日行列；到了第二次世界大戰，美軍空襲臺灣時，媽祖居然還能夠幫忙接砲彈！

真・聞聲救苦，臺灣第一女神！每年農曆三月，去追星吧！一起瘋一下這位無所不能的女神。

## 王爺：瘟疫之神到抗疫之神

「王爺」這兩個字聽起來很霸氣，極有尊貴感。的確，有些地方的王爺信仰，拜的是生前顯赫的英雄人物，死後升格成為神明，成為眾人供奉的對象，這是一種可能。不過呢，臺灣民間信仰所拜的王爺絕大多數屬於瘟神的系統。

沒錯！王爺主要是瘟神，是會散播疾病、帶來災厄的瘟疫之神。

臺灣處於熱帶及亞熱帶氣候區，炎熱又潮溼的天氣，一直以來都被中國內地的漢人視為「瘴癘之地」。即便成功渡海來到臺灣，也很難躲過在臺灣橫行的瘧疾、霍亂、傷寒等疾病，確診隨時+1。然而，古代人可沒有什麼細菌、病毒的概念，民間信仰認為瘟疫的流行，主要是由瘟神、鬼煞等拍咪仔散布的。

那該怎麼辦呢？好好善待祂們就是了！

反正我就是拿這些病沒轍嘛，多少人水土不服掛掉了！所以，我坦白承認我們沒辦法對抗。那我們就好好祭拜這個會帶來瘟疫的力量，將祂尊稱為神明。我相信我們對祂好，祂就會對我們好，還能夠幫我們管理那些大量因為疾病死掉的瘟鬼們，不讓祂們作亂呢！

這就是瘟神系統最素樸的由來。

就以流行在臺灣西南部地區的燒王船祭典來說好了，大家都以為燒王船的重點在把船送走，把瘟疫送出去。這就錯了，完全搞錯先後順序。

不管是屏東東港、小琉球，還是臺南西港的燒王船活動，其正式名稱都叫做「迎王祭」。因為重點是「迎王」啊！我們要先隆重邀請今年負責值班的瘟王下凡，等同是拜託瘟神界的老大來到人間上班！接下來王爺開始上班打卡，準備「出巡遶境」，祂與自己率領的神兵神將會在各個鄉里到處走踏，目的在於把沿途的髒東西統統逮捕。所以，神轎所到之處都具有驅邪、除穢的意義。

等到王爺與祂的兵將巡邏得差不多時，代表地方上的邪煞、瘟鬼都逮到了，接

下來將這些髒東西統統押上王船aka囚車，準備送走囉！王船從船廠離開前往海邊的過程，這個儀式被稱為「遷船」。這個陸上行舟的過程，家家戶戶會擺出豐盛的辦桌菜色獻給王爺與祂的兵將，犒賞祂們這幾天來抓犯人的辛勞。沿路上也會持續收煞驅瘟，以免有漏網之魚沒有抓到！

最最最後，才會燒化王船。恭送王爺離開，也代表那些拍咪仔永永遠遠被送走了，讓我們常保合境平安（ㄧ人ㄧ）。

王船燒完後的三天，整個城鎮必須沉默是金，不可以放鞭炮、不可以敲鑼打鼓，更不可以唱歌跳舞。不要讓王爺以為，欸……你們還需要我回去上班嗎？瘟王可能會回頭再來趴踢趴踢All night。所有船隻三天內也不可以出海，怕王船還沒走遠，你就有可能會在大海上遇到那艘船，那艘滿載拍咪仔的船……

透過這個「先迎後送」儀式安排，應該就能讓你了解，王爺信仰的原初涵意其實就是：老百姓崇拜大瘟神，因為祂夠大夠強夠威猛。所以我們討好祂，祈求祂，慰勞祂。邀請祂這個大瘟神來協助管理、掃蕩地方上的小瘟疫。但是，祭拜瘟神怎麼說起來都好像怪怪的，於是後來，我們才把「王爺」瘟疫之神的原始形象，轉化成代天巡狩的「抗疫之神」。

所以，順便分享一個地方冷知識。既然燒王船，是要送走那些髒東西拍咪仔，熟悉傳統的在地人，通常是絕對不會特地去看燒王船的現場，更不會拍照的啦！遷船儀式後，就早點回家睡覺囉，只有「可愛呆萌」的觀光客才會搶著去拍照。

## 土地公：神界里長伯

只要是有土地的地方，就有土地神守護著，臺灣的俗諺裡有「田頭田尾土地公」、「水頭水尾土地公」、「庄頭庄尾土地公」，舉凡田邊、樹下、馬路旁、墳墓一帶，都有機會看到無所不在的土地公！日治時期的寺廟調查資料顯示，土地公正是漢人民間信仰中主祀神明排行榜第一名。直到今天，土地公廟依然數量眾多，根據中央研究院地理資訊系統資料，全臺灣目前登記有案的土地公廟共二千〇七十六間。

彷彿我家親戚、你家里長伯，總給人親切感的土地公，絕對是最接地氣的神明！想想，清代來臺灣的漢人主要就是為了土地開墾。我住在土地上，我也靠著土

位於臺東縣池上鄉田中央的福德祠。（作者提供）

地拚一口飯吃。土地啊土地！不只是土地，對漢人而言，土地是家，是生活，是我們所有的一切。

所以，土地公注定忙碌，是土地之神，是家族守護神，是村里大小瑣事統統包辦的神界里長伯。

就像我們今天不時會騷擾里長伯一樣。

里長，我家狗不見了，你可以幫我找嗎？

里長，我確診了，你可以幫我送便當嗎？

里長，可不可以不要再送排骨便當？我想要改吃雞腿啦！

我們對土地公也是各種拜託。

祈求耕地豐收、家宅平安已經是最基本的服務項目。由於土地公掌管土地，所以要負責出入平安，交通安全工作+1。華人社會相信，有土斯有財，所以土地公也要負責保佑你賺大錢，借發財金工作+1。考場所在，也是土地。土地公要照顧考生，金榜題名工作+1。舉凡小孩做噩夢、夫妻吵架、寵物生病，都有人在拜土地公。

土地公啊！您到底號碼牌抽到幾號了？真的處理得完嗎？神明會不會也有過勞的問題呀？雖然說，我這樣問好像是很擔心您的意思。但我本人就是那個有事沒事會去土地公廟拜拜，三不五時煩一下土地公，連論文寫到卡關都會跟您哀幾聲的慣信徒。

所以，我就特別欣賞客家人對於土地公的稱呼，他們叫土地公為「伯公」。在客家話裡，「伯公」指的是祖父的哥哥，可以說是家中輩分最高的親人。因為是親人，所以很多事情都會放心跟「伯公」說；也因為是家族裡的大家長，所以什麼事情都放心交給「伯公」來喬。這就是土地公在漢人民間信仰裡的意義，明明是個神明，卻又是那麼溫暖可親的存在。

## 有應公：對待孤魂的溫柔

有應公，可以說是臺灣漢人的祭祀活動中最有特色的民間信仰了。

在漢人的信仰世界裡，一個人如果死了，他的屍體需要被好好的埋葬，他的靈魂則需要被好好的奉祀，這兩者都處理完成後，死者方能安息。如果屍體沒有好好被埋葬，如果又沒有人祭祀其亡魂，死者死後必成「厲鬼」。祂會報復社會，到處作祟。

我們都再三強調過了，早期來臺的漢人能活下來的都是中樂透的幸運兒，移民的開發過程中，有太多意外會讓人客死異鄉。

我一個人孤孤單單來到臺灣打拚，遇到天災、瘟疫、劫匪、民變、械鬥……一瞬間人生登出，成為到處飄盪的亡魂，我該如何是好？在家鄉的親人，遲遲收不到我的音訊，他們會知道我死在臺灣了嗎？誰又能夠幫我收屍好好安葬呢？連老婆都沒個影子，又哪來的下一代為我定期掃墓祭祀呀？

於是在清代的臺灣社會，人們發揮互助的精神，好心的鄉民們會將無主的骸骨收集起來，進行集體的埋葬安置，然後建立廟宇豎立牌位，統一安排祭祀。讓這些無家可歸的孤魂野鬼，從此有了棲身之處。讓這些本來無人祭祀焦慮不安的靈魂們，從此享有固定供奉。

由於是集體祭祀孤魂的祠堂，用意在於安頓這些死在異鄉的靈魂，在清代這樣的地方被稱為「萬善祠」或「大眾廟」。有意思的是，待到日治時期，這些孤魂我們拜久了，久到不再認為祂們是死在異地的鬼魂，而是熟悉的在地一分子。越常來這裡祭祀，越能感受到一些奇妙的連結。人們開始向祂們有所祈願，當心誠則靈，有所感應，反映在名稱上，就起了變化。在日治時期後，開始稱呼這些祭祀孤魂的地方為「有應公廟」、「萬應公廟」。

不管是哪一種稱呼，我都覺得好溫柔。

在太陽照不到的地方，浪花也打不到的所在，是什麼樣的體貼，願意讓人撿拾無名的屍骨，為其清洗，為其安葬？

如果我是那個飄盪的亡魂，就算僅餘一縷青煙，也想拚盡全力對他說：「謝謝你找回了我。」遠離家鄉近千里，失去肉體已百年，是什麼樣的接納，願意讓人對我許下寄託，獻上祭品，說出心願？如果我是那個被奉祀的靈魂，就算靈力薄弱，也願意憑著一股執念助他逐夢，讓他知道我是有求必應。

5 清．趙翼，《陔餘叢考》：「吾鄉陸廣霖進士云：臺灣往來神跡尤著，土人呼神為媽祖。尚遇風浪危急，呼媽祖，則神披髮而來，其效立應。若呼天妃，則神必冠帔而至，恐稽時刻。媽祖云者，蓋閩人在母家之稱也。」

第六篇

# Made in Taiwan 賺爛了——

# 茶、糖、樟腦

值得注意的一個事實是在中國沒有其他地方的人穿得比臺北人好。農人、煤船工人、街頭苦力，在冬天時穿著的兩三件衣服中，會有一、二件是來自於歐洲的產品。」

——一八七六年，淡水《海關報告》

現在若是要人家試著思考代表臺灣之光的三寶？你可能會想到：「珍奶、雞排、蚵仔煎」，或是「鴻海、晶圓、台積電」等各種答案，不過若是回到十九世紀後期的臺灣，那時的臺灣三寶，肯定大家會眾口同聲齊喊：「茶、糖、樟腦」！

自清帝國輸掉英法聯軍，一八六〇年臺灣正式開港通商後，直到一八九五年臺灣割讓給日本成為殖民地這段期間，三十多年來，茶、糖、樟腦一直都是臺灣出口排行榜前三強！根據海關資料，一八六〇到一八九〇年代，茶、糖、樟腦的出口比例分別為五三・四九％、三六・二二％、三・九三％。這三強加總起來占臺灣出口總值比例高達九四％啊！

不要小看商品的力量！你知道嗎？當我們每喝一杯珍珠奶茶，就有無數顆珍珠

失去生命；當我們每吃一塊雞排，就有一隻小雞失去雙親；當我們每賣出一塊晶片，竹科就有好多小精靈正在爆肝！沒有買賣就沒有傷害！

好啦，我不是要你即日起開始不喝珍奶之類的。我只是想要提醒大家，開港通商後，茶、糖、樟腦的大賣，帶來的不只是商人們的收益增加，它更實際地改變了當時臺灣經濟的產銷結構、社會階層的變化，甚至帶來族群衝突、環境開發等新問題。

在臺灣終於再次進入到全球貿易體系後，我們這次不僅僅是和世界做朋友，更充分體認到資本主義的邪惡與甜蜜！當外國商人大舉來臺，洋行一一設立，茶、糖、樟腦的崛起，究竟會為臺灣的歷史帶來什麼樣的變化呢？請大家接著看下去了！

## 茶，無限回甘：不管日子怎麼變，飯還是要吃，茶還是照喝

茶樹的發源地在中國，而茶葉的大量輸出及傳播也與中國有關。這可以從全世界各地茶的發音來探討，雖然世界上有非常多種語言，但是關於「茶」的發音基本上只有兩種：一種是cha，另一種是te。地理大發現以前，主要是透過陸路將茶葉

運輸到中國境外，這時期傳入茶的地區，像是中亞、南亞等國，大部分茶的發音多以華北音cha為主，例如：蒙古“chai”、土耳其“chay”、印度“chaya”；地理大發現後，歐洲國家走的則是海路，他們從福建商人那裡將大量的茶葉載回到歐洲，因此發的主要是閩南地方的te音，例如英國“tea”、荷蘭“thee”、法國“the”。

而茶是怎麼跟臺灣結緣的呢？

事實上，十七世紀荷蘭人占領臺灣南部時，就發現臺灣有野生茶樹了。但茶樹的栽種與茶葉產製始終不是早期臺灣貿易發展的重點。一直要等到淡水開港通商後，才有了轉機！一八六〇年就任英國駐臺副領事的史溫侯（Robert Swinhoe,1836-1877），在淡水工作期間觀察到：其實臺灣早就有不少數量的茶銷往中國內地了！而且臺灣北部非常適合種植茶葉，由於冬天的氣候溫暖潮溼，使得產季比中國內地來得早，又有好幾個港口皆靠近茶葉產地，如果可以改善烘茶的技術，或是移植更適合臺灣土質的品種，就可以大幅提升臺灣茶的水準。

史溫侯的觀察報告，雖然沒有引起英國官方太多注意，卻引起了另外一位英國商人約翰·陶德（John Dodd, 1838-1907）的留心。陶德實際走訪北臺灣的丘陵

淡水寶順洋行，1869 年。（出處：維基百科）

地後，他認為臺灣的土壤、氣候確實都很適合傲嬌的茶樹生長，茶產業極有發展潛力！然而，像木柵一帶雖然有種植少量茶葉，品質也真的很不錯，卻因為缺乏技術與設備，只能以粗製茶的價格賣到中國內地，這導致農民的收入微薄，整個產業永遠只能原地踏步！

陶德是一個頭腦靈活、行動明快的生意人，也是一個大膽冒險的人！他著手引進當時最知名的福建安溪茶苗，並拜託農民們購買，進行種植。

「為什麼要買這個啦？種了之後就可以發大財嗎？」我們都窮到快要被鬼抓走了，怎麼還買得起那個茶苗啦！很多農民一開始都不屑陶德的建議，種什麼都比種茶好！誰要買啦！

陶德說：「你就種！我負責！」他不僅提供貸款給農民購買茶苗的資金，他更向農民承諾，一旦收成，他將全數收購！再來，他砸了大筆錢投資嶄新的製茶設備，購置全套機器，在大稻埕設立茶葉精製場，並且從福建安溪找來資深的製茶師與茶工們協助焙茶。此外，他還搞品牌行銷，包裝出「精選福爾摩沙烏龍茶」（Choicest Formosa Oolong tea）的名號。

一切就緒後，陶德在一八六九年租了兩艘大型帆船，載了總共二千一百三十一擔（約十三萬公斤）的烏龍茶從臺灣直達美國紐約銷售！

賣得出去嗎？這次的成功或失敗，決定了陶德接下來會是睏霸數錢還是賠到睡公園。而好運經常會發生在勇於嘗試的人身上，沒多久，就從紐約傳來「精選福爾摩沙烏龍茶」大受好評的消息，茶葉賣到一擔不剩，統統銷售一空！過去臺灣茶都是先送到廈門，混了福建茶才能再轉賣到各地銷售，這是第一次臺灣茶自產自銷，直接輸出海外的例子，並且成功打造出臺灣茶的精品形象。一年內，烏龍茶就從原先的每擔十五元，漲了一倍變成每擔三十元。

感謝你，陶德～我的超人，成功行銷臺灣烏龍茶！這讓農民充滿信心，於是不斷擴大茶樹的種植面積，從木柵到深坑、石碇、坪林、三峽、樹林，甚至桃竹苗一帶。其他的外國商人也紛紛受到吸引，世界怎麼跟得上臺灣，快來搶購臺灣茶啊！一八七〇年起，各大洋行，例如德記（Tait & Co.）、怡記（Elles & Co.）、和記（Boyd & Co.）紛紛來到淡水、大稻埕，設立據點，蓋起一間間的洋樓。

二〇二二年入圍史上最多金鐘獎項的臺劇《茶金》，裡頭有一句臺詞：「從一片茶葉，到一杯茶，是一段很漫長的旅程。」茶的生產過程，就像一件雕塑藝術品一樣，步驟精細，從種植、採摘到製茶，每個程序都需投入大量耐心與人力。另外，當時茶葉銷路好、利潤佳，從事這行的工資也比其他行業來得高，吸引了大批人口投入茶葉產業鏈，包括臺灣當地人，以及從大陸內地來臺打工的人。在一八八〇年代的臺灣，每年所需要的採茶女工高達二十萬人、製茶工人約三、四萬、揀茶女工破萬人、製箱工人四百多人，另有雜工、苦力等人力，日以千計！想想，在那個年代，光是茶葉一項的商品出口總額，居然就可以占臺灣出口總值的一半以上，又能養活這麼大量的人口，真可謂護臺神茶！

「夫烏龍茶爲臺北獨得風味，售之美國，銷途日廣。自是以來，茶業大興，歲可值銀二百數十萬圓。廈、汕商人之來者，設茶行二、三十家。茶工亦多安溪人，春至冬返。貧家婦女揀茶爲生，日得二、三百錢。臺北市況爲之一振。」[6]

當茶葉的價值提高，農民、工人的收入增加，且不斷創造就業機會，不僅締造了大稻埕的榮景，也翻轉了臺灣的南北經濟。許多研究者都認為，由於北部茶葉產業的興起和貿易量的大幅擴張，加速了北部新興市鎮快速崛起，在茶葉火車頭的帶領之下，臺灣的經濟重心逐漸北移。

直到今天，臺灣人的生活仍然離不開茶。在臺灣，能比便利商店開得更密集、更猖狂，每走二、三十公尺就會遇到的商店，肯定就是手搖飲專賣店了！像我住在熱得要命王國的南臺灣，一天至少要喝上一杯手搖飲！但我最享受的還是回到臺南鄉下，喝一杯我阿公親自泡的高山茶。爺爺泡的茶，有一種味道叫做家，相信臺灣人應該都懂。

## 糖，甜蜜的負擔：誰能比我們南部人甜？

全世界用來製糖最主要的農作物有甘蔗與甜菜，溫帶地區以種植耐旱又能抗寒的甜菜為主；北緯三十度以南、南緯三十度以北的熱帶地區，則是甘蔗的主要分布區域。只要將甘蔗莖壓榨成汁，透過重重手續加工精煉，就能萃取出有「白金」之稱的砂糖。

蔗糖可以說是臺灣歷史上最古老、最長銷的主要貿易商品。十七世紀時荷蘭東印度公司便招募漢人來到臺灣種植甘蔗，並且製作蔗糖。因為臺灣南部實在太適合種甘蔗啦！甘蔗喜歡生長在年平均氣溫高、溫差小的地區，尤其臺灣南部的冬天幾乎不太下雨，可以完全配合甘蔗的成熟期，極有助於糖分的累積，根本就是甘蔗的風水寶地。於是在漢人的努力開墾下，臺灣南部廣袤的平原，舉目望去，除了稻田之外，就是蔗田。當時，臺灣生產的蔗糖年輸出量達四、五千公噸，並隨著荷蘭東印度公司的轉口貿易，輾轉賣到日本、中國及波斯等地。

此後，不管是鄭氏時期，還是清帝國統治階段，蔗糖的生產與出口在臺灣南部始終歷久不衰。在這一大段歷史時期中，農民們大多選擇在蔗田附近設置糖廍，作為甘蔗加工成蔗糖的簡易工作區。當甘蔗採收完畢後，會將甘蔗綁成一大捆，以人力或牛車拖回糖廍。糖廍備有一種圓形石製的蔗車，工人們接著會將甘蔗放入蔗車中，然後交棒給可愛的牛牛努力工作轉動蔗車以便榨汁。榨好的蔗汁會集中送往煮糖室，由糖師、火工負責煮糖。過程中必須隨時除去爐上浮起來的渣渣，還要適時加入石灰中和酸化，等到糖漿淨化濃縮後，冷卻後所得的結晶，才是可以拿去賣的蔗糖哦！

清帝國統治時期，臺灣的糖廍有兩千六百多個，從糖廍分布的地點，就能知道當地的蔗糖產業興不興盛？讓你猜猜看，糖廍主要集中在今天哪一個縣市所在地？

沒錯，就是全糖市aka臺南市，有百分之八十的糖廍都集中於此！所以說，你有多甜？有比臺南人更甜嗎？身為全臺灣最甜的城市，我們連空氣都含糖。只要你拿根筷子，在臺南市奔跑一圈，就可以獲得一支棉花糖！

好了啦！「老師，你不要再胡說八道了，可不可以說點正經的？」好吧，棉花糖的都市傳說先擱一旁。你要知道糖廍作為蔗糖歷史發展的一部分，同時也是不少聚落地名由來的根源，至今臺灣各地仍有許多以廍為名的村莊，像臺南市新營區的舊廍里、官田區的南廍里、麻豆區的寮廍里都是蔗糖產業的見證。

講到這邊，我們要來審慎思考一件事，既然蔗糖早已是臺灣推出已久的長銷商品，那麼開港通商對於蔗糖的出口，到底會產生什麼影響呢？首先，最明顯的變化當然是外銷市場擴大。在開港通商以前，臺灣生產的蔗糖主要賣往中國大陸，但開港通商以後，我們的貿易對象擴大為全世界，日本立刻躍升成為臺灣糖出口的一大市場。另外像澳洲，在一八七〇年代由於墨爾本、雪梨分別設立了精製糖廠，亟需原料，也向臺灣大量地購買蔗糖。

對臺灣的製糖業來說，對外開放是一道雙面刃，貿易對象雖然更多元了，但也將臺灣糖推向與世界糖業競爭的風尖浪頭！十九世紀下半葉，由於工業革命的開展，製糖技術大幅提升，生產效能持續上揚。不管是甜菜糖、蔗糖的產量皆持續增加，當供給明顯增加，自然價格開始下滑，蔗糖再也沒有甜甜價。

另外，全世界產糖區多的是。歐美國家自己有產甜菜糖，他們在東南亞一帶、西印度群島的殖民地也有生產蔗糖，例如爪哇島、馬尼拉、海地，最重要的是，人家的科技起飛，不僅將甘蔗品種改良，含糖量高又可以抵抗病蟲害，並且全面採用新式機器製糖：利用蒸氣來運轉金屬糖磨，真空壓力鍋來熬煮蔗汁，有效降低生產成本並大幅改善糖的品質。無論是爪哇糖或菲律賓糖，跟臺灣糖比起來口感都更好，價格卻更便宜。而我們臺灣製糖業還在靠牛牛拖拉著石磨榨汁，這麼落後，到底要怎麼跟人家打國際賽？

當臺灣的糖業繼續活在傳統的世界，畫地自限的代價就是再怎麼甜的蔗糖，嘗起來都是苦澀的滋味，當然只能眼睜睜地看著臺灣的經濟重心一路飄向北方了！

## 樟腦，神奇煉金術：曾經的世界南波萬

說到樟腦，這兩個字根本自帶味道。光是說出口，都能立刻在心裡聞到那股特別的香氣。樟腦是提煉自樟樹幹中的化合物，常溫下呈現為一種細砂狀的白色固體，主要用於醫療、防腐、驅蟲等用途。

不過，十九世紀後期，樟腦聲勢大漲，用途有了無限可能！這是因為樟腦成為人類發明的第一種合成塑膠「賽璐珞」（Celluloid）的基本原料。賽璐珞作為人類史上最早的塑膠材料，由於可塑性強，立刻成為重要的工業用料，舉凡梳子、鈕釦、

底片膠捲、假牙、眼鏡框都少不了它。時尚產業更是對於賽璐珞有著大量需求，包含衣服、靴子、帽子、墨鏡、絲襪、耳環等人類身上的任何穿搭，幾乎都要用到賽璐珞。樟腦做為製造賽璐珞的關鍵原料，這時候只要是工業大國，沒有一個國家不渴望能夠得到大量樟腦。

很酷的是，臺灣剛好就是全世界最好的樟樹產地之一。樟樹是臺灣中低海拔的主要樹種，主要生長在臺灣北部海拔一千二百公尺以下、南部海拔一千八百公尺以下的山地至平地區域。富貴險中求，這時候只要你敢前往開採樟腦，成為「腦丁」，你就有機會鹹魚大翻身！

臺灣的樟樹不是很多嗎？開採樟腦有什麼難的啊？別太天真，你以為樟樹都整棵完好地長在路邊等著你去砍嗎？平地的樟樹早就被砍光啦！隨著樟樹資源的持續開發，山林資源日益枯竭，人們只好繼續往山上找！從平地前往近山，再從近山直入深山。隨著天然環境越來越險惡，疲憊指數逐漸升高，風險指數也就隨之飆升！因為越到深山，就越有機會與「生番」狹路相逢，一不小心便會因為誤闖原住民族領域而引發衝突。明明是來伐樟木採樟腦的，怎麼自己的腦袋瓜先被砍了呢？

這波樟腦的狂熱開採為開港通商後的臺灣帶來了新的變化：首先是過去乏人問津的漢番交界區，所謂的內山一帶，開始有了商機與生機。例如大嵙崁（大溪）、三角湧（三峽）、鹹菜甕（關西）這些近山市鎮的興起，正是因為當時它們是樟腦生產的集貨中心。

再來便是腦丁上山開採的過程中，時常侵犯到原住民族的生活領域，於是「番害」不斷。對漢人來說，我為了謀生採個樟腦被你們出草，魂斷深山，我好冤！我好苦！這是番害！但是對原住民來說，你們才活該吧！跑來我家濫墾亂伐，竊奪物品，甚至還放火燒森林，我不動手，還對得起我所生長的家園嗎？在原漢衝突不斷的情況下，也大為影響到樟腦的產量與出口。

官方的立場如何呢？一八八四年無煙火藥發明，樟腦又是其中的重要原料，更突顯它的重要與巨大的商業利益。為了守護樟腦事業，臺灣巡撫劉銘傳強勢地主導，曾數次率軍攻打大嵙崁地區的部落。唉，這些衝突外商也都知道，曾經說過：「取得樟腦的代價便是流血。」(price of Camphor is blood.)

除了慘痛的族群衝突外，更讓人無奈的就是山林的破壞！一棵樟樹至少需要五十年才能長大成材，但是我要採樟腦嘛！所以我就砍！拚命砍！砍了之後也不會再種回來。

在開山撫番的事業積極推動下，一八九三年臺灣的樟腦出口量達五百三十二萬一千四百六十三磅，超越日本，重新奪回世界樟腦王國的寶座！可是你有沒有想過，我們常常都在追求臺灣南波萬，如果南波萬的代價是流血、是濫墾，當我們輸了生命的價值，贏了世界又如何？人啊，真正重要的東西，總是要等到沒有的時候才比擁有時清楚。

6 連橫，《臺灣通史・卷二十七農業志》，一九一八年。

第七篇

# 煤氣燈操縱者——清帝國時期的原漢關係

臺灣原住民族見證著來到島嶼的西班牙人、荷蘭人、鄭氏王朝、清帝國、日本國、中華民國的言行，我們跟荷蘭人簽過契約、跟美國人簽過和平協議，對抗過每一個侵略我們土地的外來民族與帝國主義，也受到後來殖民國家的武力鎮壓、威權統治，從被稱番人到臺灣原來的主人，原住民族更推動著國家走上人權、民主、自由的轉變歷程。千百年來，我們仍在這裡，從未放棄我們的自然主權。

原轉會各原住民族代表 二〇一九年二月十九日

你聽過「開山撫番」嗎？假設你穿越到不同時代成為一名正在上歷史課的學生，你的課本對於「開山撫番」將有著不同描述！

如果是一九八〇年代的學生，你大概會讀到關於讚頌沈葆楨、劉銘傳好棒棒的敘述：「沈葆楨主要的成就是開發山地，安撫山胞，幫助漢人進行移民墾殖；劉銘傳則設立番學堂，著手教化山地同胞。[7]」

假若你的課本長這樣：「沈葆楨積極推展開山撫番的工作，派軍進入山區，規劃原住民的產業發展與教育，並鼓勵漢人入山拓墾；劉銘傳則設立番學堂，促使原住民進行漢化。[8]」

欸！「山胞」怎麼不見了，變成「原住民」？奇怪耶！誰規定原住民一定住在山上？當「山胞」這個帶有歧視性的用詞從課文中消失，我敢保證你一定是穿越到一九九〇年代後期當學生了！[9] 記得千萬不要浪費任何時間上歷史課，請立刻轉身離開教室 ALL IN 台積電，投資大立光，買爆信義區！

如果你發現，你的課本不僅寫到開山撫番的政策，還寫到：「原住民的生存空間受到入侵，與漢人間的衝突因而增加，導致部分原住民遭到殺害，還有原住民被迫遷往他處或移居更高的山區。[10]」另外又加碼介紹了一些漢番衝突的歷史事件，醒醒吧！孩子，你應該沒有穿越，你只是不小心在我現在的課堂上打了瞌睡。今年是二〇二三年，明天記得交作業！

其實，原住民的歷史待遇，正如他們在歷史課本上被描述的方式。在清帝國時期漢番關係的發展中，由於漢人掌握的話語權和政治權力與原住民有明顯落差，原住民長期處於一個被壓迫，甚至是被操弄的對象。

沈葆楨、劉銘傳等清朝官員的開山撫番，曾經被美化成一種建設、一種施予。如果不是我們漢人積極地入山開墾，設立學堂教化你們，你們不知道還要繼續落後多久？野蠻多久？

而缺乏文字記錄的原住民難以明確訴說這些迫害，甚至當自己的生活方式與傳統文化持續被貶低一段時間後，連自己都開始懷疑起自己，最後居然變成：「謝謝你把我們當人看！」

電影《煤氣燈下》（Gas light）講述一個原本美麗自信且能夠獨立思考的女主角，在丈夫的心理操縱下變得懷疑現實、質疑自己，最後女主角居然漸漸開始相信，自己的精神狀況可能真的有問題。

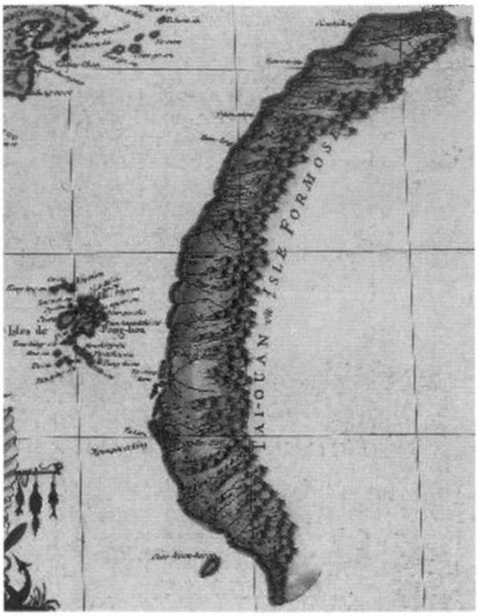

18 世紀清廷實際控制的區域。臺灣東部被視為化外之地，因而未繪入。

原住民族群曾經像是電影裡的女主角，在臺灣的玉山、阿里山、大霸尖山、大武山、卑南主山、都蘭山的山林、深谷、草原、溪流裡各自美麗，卻因為族群關係的操弄，不斷被施予單方面、長期的虛假訊息，開始失去原本對世界的感知記憶，陷入被人擺布的遊戲。

## 我很好騙，你是否也有這種感覺？

當福建、廣東一帶的漢人移民陸續來到臺灣，開墾的過程中，常常一不小心，一個推進就踩到原住民的地雷！哪來的白目仔闖進我們的獵場種田？要麼鞭數十，驅之別院！要麼直接出草，用生命嚇阻！漢番間不時的衝突，讓清帝國感到有夠麻煩。

本來就處於帝國邊疆的臺灣島，你想政府是會多認真處理？很快地，清帝國就決定採取漢番隔離政策，也就是俗稱的「劃界封山」。官方會在明顯的族群交界點立個石碑，稱為「番界碑」；或是挖一條溝，堆個土堆作為標示，稱為「土牛溝」。大家注意看，這裡就是界線！從此漢人、番人，一人一邊，井水不犯河水，誰都不要越線喔！

到底清帝國是哪來的天真，相信漢人、番人從此就可以一人一邊，和平到天邊？連小學生都知道不可能了！你有過這種童年回憶嗎？小學的時候，如果男生、女生被老師安排坐在同一桌，通常桌子中間肯定會劃線！小女生會說：「不准超線！」但小男生就是幼稚、好動，大概坐不到一個上午就會超線，然後被小女生狠狠打回去，用筆戳回去。呵呵！我就超線。

《大清律例》規定：「凡民人偷越定界私入臺灣番境者，杖一百。如近番處所偷越深山抽藤、釣鹿、伐木、採棕等項，杖一百、徒三年。」來打我啊，笨蛋！漢人就是那個不斷挑戰法律極限，勇於超線的小男生。土牛界線隨著漢人的不斷拓墾，不斷重畫，越畫越裡面。

而漢人透過人數優勢，武力強占的越線侵墾，僅是一種類型。更有不少漢人利用原住民不懂漢字，也不清楚大清律法的弱點，會特意在簽訂契約的時候，在白紙黑字上故意胡說八道。例如，明明口頭約定好是這個範圍的土地交給漢人開墾，契約上面的界線卻漫無邊界，明顯坑人！明明說好了這是以五年為期限的耕作租約，上面卻寫了永久出售，被騙剛好！反正漢人就吃定原住民看不懂，只要趕快騙到對方的手印蓋章，將來便可以契約為憑，名正言順地占領土地！

許多平埔族群的土地都是這樣莫名其妙失去的。馬偕牧師來到臺灣發現這種欺詐的行為時，也忍不住發出了正義的怒吼：「平埔番既不識字又不懂得法律，完全任由漢人擺布。看到漢人的官員、投機者和商人對於這些心地單純的人如此惡劣的詐欺，令人感到極為憤怒！」

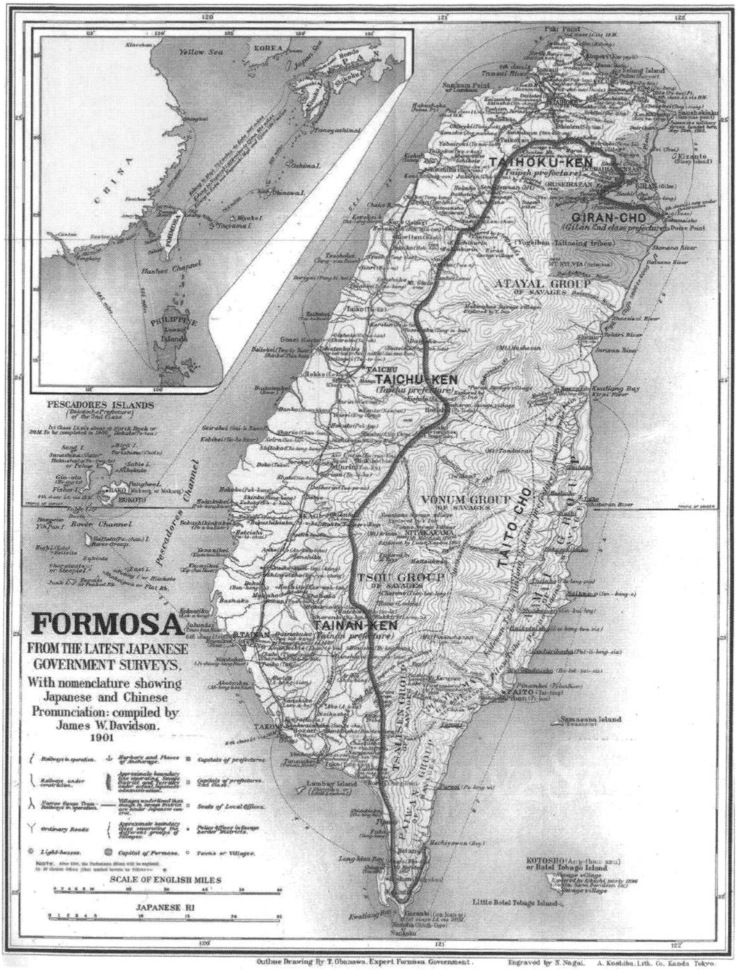


直到日治時期，仍有所謂的「番界」，圖為 1901 年日治時期的臺灣行政區劃分，圖中粗線的右方即為「蕃區」。（出處：維基百科）

再者，由於平埔族女性與漢人女性不同，在部落社會中，她們擁有與男性相當的社會地位與權力。無論她是招贅婿於家中的當家主母，又或是出嫁從夫的女兒，作為平埔族的女性都擁有分家產的繼承權。於是清代臺灣版本的「阿姨，我不想努力了！」登場；不少漢人會透過入贅女方家族，藉機取得平埔族的土地。

例如，綽號番仔駙馬的岸裡社通事[11]——張達京，娶了六位巴宰族頭目的女兒。平埔族公主娶進來，頭目的土地也一口氣繼承過來，張達京發大財！從山線到海線，中臺灣處處都有他名下的土地，中臺灣地王就此誕生。直到今天，臺中神岡的社口萬興宮，都還供有他的長生祿位呢！

活躍在雍正與乾隆年間的林秀俊，曾擔任過大甲、後龍和淡水諸社的通事，他趁著工作之便，娶了平埔族老婆，一路拓墾板橋、永和、八里、淡水等地，成為北臺灣一方之霸！他的墳墓位於今天臺北市內湖區，占地面積八百七十一．五坪。想想你家有幾坪，拿我們的陽宅跟人家的陰宅比，就知道什麼叫做土豪中的土豪！

我不曉得這些婚姻關係裡面，平埔族女性有沒有曾經想對這些漢人男子唱一首〈愛情的騙子！我問你〉？到底多少男人空口薄舌達到目的做你去，歷史沒有詳實記錄。然而，臺灣俗諺說「一個某較好三個天公祖。」（Tsit ê bóo khah hó sann ê Thinn-kong-tsóo.），正在這些漢番通婚的例子裡，做了最好的註腳。

不論是武力侵墾、欺詐騙奪，你覺得清朝政府官員是怎樣看待漢人的這些行為呢？對於多數官員而言，番人的文化低落，尤其是生番，跟野獸沒兩樣：「生番無布帛可衣，少穀黍而食，種類非一，分社以居，雖付人形，其出沒則同駭獸。」因此漢人若以暴制暴，可以接受；如有原住民被騙，雖表同情，也是活該。曾經來臺的英國官員必麒麟，就直白地點出清代官方的消極態度：「平埔族不具攻擊性，是單純質樸的民族。漢人卻利用他們的弱點，以租用土地為藉口，強占了那些土地。然而，當平埔族人向官方提出控告，往往被置之不理。在一般人心中，『番仔』豈有權利之理？」

至於努力開墾的漢人形象，通常被講述成智勇雙全、可歌可泣的傳奇故事。以連橫所著的《臺灣通史》為例，對於率眾入墾宜蘭的吳沙是這樣形容的：「夫沙匹夫爾，奮其遠大之志，率其堅忍之氓，以深入狉榛荒穢之域，與天氣戰，與猛獸戰，與野蠻戰。勇往直進，不屈不撓……」

如果文明是充滿自我優越的各種侵逼，那麼，我們是不是寧可野蠻一點？

## 你的開山撫番，我的截殺退卻

一八七四年，日本以琉球國民船難，漂來恆春半島，與原住民發生誤解而遭殺害為理由，藉機出兵南臺灣！這就是歷史上知名的牡丹社事件。[12]

五月中旬，當日本一出兵臺灣，清政府當下大驚失色，要命了！日本居然玩真的！一方面透過外交手段，到處幹譙日本有夠沒品，竟敢違背國際公法；一方面緊急調兵增援臺灣防務。五月下旬，船政大臣沈葆禎即刻率領著一批輪船兵員快速來到臺灣。

然而，日本此行出師不利，日軍不僅遭到排灣族的強烈抵抗，更是水土不服，全身癱軟、上吐下瀉，病死的人數竟然是戰死者的數十倍之多，只能尷尬地提早跟清朝進入談判程序。

恆春半島的熱帶氣候雖然救了清廷一命，成功躲過與日本在臺灣展開大規模軍事衝突的可能，但卻讓清政府真心地嚇出一身冷汗。這次的事件，不就是因為之前我們一直裝死嗎？那個生番是化外之民啦！窩不知道～好啊，這下擺爛的結果，就是日方以「番地無主」為藉口，直接殺來臺灣。

沈葆楨來到臺灣後，知道沒有繼續擺爛下去的選擇，除了加強臺灣的防衛能力外，就是要充分加強清廷對於生番地的統治權。

很快地，沈葆楨便決定在日軍登陸的瑯嶠地區設置恆春縣，同時兵分三路，前進東臺灣，他打算利用開鑿東西的聯絡道路，將過去藉由劃界封山，擱置不管的生番地區，強勢地納入清帝國的統治範圍，這就是所謂的「開山撫番」。

很多人都以為開山撫番，不就是北、中、南三條山路蓋一蓋啊！然後把漢人移民送過去，進而去開發、管理山地資源嗎？其實這四個字，念起來簡單，實際執行起來卻一點都不簡單！

例如，從宜蘭蘇澳到花蓮，俗稱蘇花古道的北路，主要由羅大春負責。羅大春在自己寫下的《臺灣海防並開山日記》中，幾乎天天都在訴說有生番纏著我！「前途斗史社番凶悍殊異」、「突有凶番數十出擾」、「蘆葦中突出生番狙擊」。除了生番每天轟隆隆，不時衝出來鬧他之外，臺灣東部的地形也好可怕！清水斷崖去過嗎？崖壁高度平均超過海拔八百公尺，與太平洋幾乎形成九十度角的陡峻，在那個沒機器也沒設備的年代，路要怎麼修啦！難怪羅大春一邊蓋路一邊閃東躲西，決定「大南澳山腰再闢一路，旁通新城，一以避海濱懸崖之險，一以塞凶番歧出之途」。

即便後來克服重重困難，總算完成全長一百一十八公里的北路。但開通之後，原住民依然經常出沒攻擊行旅與駐軍。由於往來風險過大，駐軍實在待不住，更沒有商旅願意走，幾年後便告荒廢。全長約一百五十二公里的中路，即俗稱的「八通關古道」，也是開通沒多久後，面臨一樣的困境，逐漸荒漠。

對於前往拓墾的漢人官兵與移民而言，當然覺得開山撫番是披荊斬棘，歷盡艱辛的偉大事業！得要與番人浴血奮戰多少次，才能一里一里地將道路日漸推進。但你若是原住民，只會覺得有夠氣憤！我們拚了命地埋伏狙擊，用盡一切截殺來往行旅，就是為了阻止你們這群外人侵犯我的傳統領域！開山的開，是蓄意將我們的居住地徹底剖開的開；撫番的撫，只是官員帶著高度優越感，自以為是的迂腐。

出身臺中和平泰雅族部落的作家瓦歷斯．諾幹曾說：「我在今年寒假看完十八本的《臺中縣志》，我們看得到漢人的開墾史，卻完全看不到原住民的退卻史。」

## Misawacu hanizaay masasu takid[13]

沈葆楨的開山撫番政策，在劉銘傳時代持續進行。過去提到劉銘傳，就會聯想到他在臺灣北部架設電報線、設立郵局，規劃了第一條鐵路，甚至稱他為「臺灣現代化之父」（？）。這個浮誇的稱呼，我抱持保留的態度，但可以保證的是，他十分積極的「撫」番。

教育部辭典的「撫」是輕輕的摸，是養育、照顧；劉銘傳的「撫」，則是狠狠的打，是戰爭、屠殺。在劉銘傳擔任臺灣巡撫的任內，總共發起了二十場大大小小的「撫」番戰役。

一八八八年，臺東地區發生大庄事件，當時的原住民及漢人移民者，因為無法忍受卑南撫墾局一些醜陋官員的壓榨，七百多個鄉民炎上的怒火誰也攔不住，直接就衝到官府把那些可惡的嘴臉給一一做掉了。隨後，長期被欺凌的花東縱谷各部各社群起響應，紛紛出動一一攻陷清軍的防哨。然而，這樣的集結對於清朝官方而言，是「番害」，是「番亂」。

其實到底是誰害誰？誰在亂誰？要不要先自己檢討一下？但是時任臺灣巡撫的

劉銘傳立刻上奏朝廷出動北洋艦隊，竟然調來了致遠艦、靖遠艦從海上直接進攻平亂。哇，這兩艘可是排水量二千三百噸，航速達一八．五節，北洋水師主力戰艦中速度最快的巡洋艦耶！把這種等級的艦隊召喚來臺灣，只為重炮轟擊被貪官汙吏魚肉到崩潰暴走的鄉民及部落，這用兵之道就在一個「奇」字，我不懂啊！

許多部落族人死於交戰中的炮擊，事件結束後，地方的頭目領袖們還一一被查辦斬首，有些部落甚至全社被清鄉追剿。這些血流成河的場面，這些慘絕人寰的滅村屠殺，在清朝的官方歷史紀錄中，常常僅僅是一個輕描淡寫的事件。

施正鋒教授說：「不管是番害、番變，或是番亂，從漢人的眼光來看，原住民族的抗爭是禍害、變節、叛亂，因此討伐是必要的。」

那我們什麼時候可以試著用原住民的眼光重新理解這些事件呢？不是開山，是侵略；不是撫番，是剿殺。不是番害、番亂，是一場又一場原住民族捍衛土地的神聖戰爭。

不要讓歷史課本的書寫成為煤氣燈操縱者，不要持續扭曲受害者眼中的真實。這塊島上多元民族的多元歷史觀其實才正要開始，當你打開教科書時，請試著開始理解不同族群彼此之間曾經遭受的痛苦。

7 國立編譯館（一九八七年）。《國民中學歷史》（第二冊）。臺北，作者。

8 國立編譯館（一九九八年）。《認識臺灣》（歷史篇）。臺北，作者。

9 一九九四年八月一日憲法公布增修條文，將「原住民」稱呼納入憲法。從此，「山胞」之稱正式正名為「原住民」。一九九七年，又將「原住民」正名為具有集體權概念的「原住民族」，係指既存於臺灣而為國家管轄內之傳統民族。

10 康軒，（二零一九年）。《社會歷史篇》（第一冊）。臺北：作者。

11 「通事」，指的是清帝國統治臺灣期間，負責政府與原住民間溝通、翻譯訊息的官員。

12 牡丹社事件：西元一八七一年，琉球宮古島的船隻在繳完年貢的返程途中，遭遇颱風來襲，漂流到臺灣恆春半島東岸的八瑤灣（今屏東縣滿州鄉九棚一帶），然而因語言不通，溝通有所誤解，有五十四名船員被當地排灣族高士佛社殺害。其時的日本野心勃勃，意圖收納琉球，同時覬覦朝鮮、臺灣。便利用琉球人在臺遇難一事，作為其出兵臺灣的藉口。一八七四年，日軍以問罪「生蕃」出兵臺灣。日本史上稱此次行動為「臺灣征蕃事件」、「征臺之役」，也就是我們熟知的牡丹社事件。儘管此次日本的軍事行動並不順利，卻帶給清帝國極大的震撼，並促成日後清廷對海防的重視，開始積極加強對於臺灣的建設。

13 撒奇萊雅族古諺：欺侮別人的人也會受到同樣的報應。

# 第八篇

# 十九世紀來臺福音戰士——西方傳教士們

「這是自從我們出港以來，風暴最爲激烈的一天，完全無法閱讀。暈船暈得像條狗一樣，除了嘔吐以外，無法思考任何事情……我能由這種前後顛簸的景況生還嗎？整艘船幾乎翻倒過來，而我也差點摔出去。……這就是生命之旅吧！如果黑暗之後就是光明，那麼我在這恐怖的夜晚之後之後應該會有一個崇高的未來吧！」

——馬偕，一八七一，從加拿大前往臺灣的航程日記

十九世紀，當西方帝國充分掌握工業技術與科學精神後，更加無所顧忌地大舉向世界進行擴張、探索。於是，一八五八年清帝國不意外地又吞下一場敗仗，面對英法聯軍只能舉雙手投降！輸掉戰爭的人沒有說不的權利，轄下的臺灣陸續開放安平、打狗（今高雄）、滬尾（今淡水）、雞籠（今基隆）等港口對外通商貿易。

我們可以這麼說：開港通商前的臺灣，是清帝國的臺灣；開港通商後的臺灣，是世界的臺灣。原本臺灣的眼裡心底都只有清帝國，一生只愛你一人。現在忽然間變為開放性關係，西方各國形形色色的人們如潮水般湧來，為臺灣的歷史帶來新的

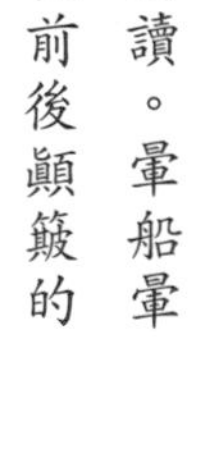

漣漪，甚至是狂濤巨瀾。

基於對臺灣的好奇與各種利益盤算，包含軍事戰略、經濟貿易、研究調查、傳播福音等考量，開港後來臺的西方人，舉凡外交官、公務員、軍人、商人、學者、攝影師、傳教士，幾乎什麼職業統統都有。

為了充分探勘臺灣的資源，這些外來朋友們不只會在港口或熱鬧的市鎮附近活動而已，他們展現出冒險家的拓荒精神，將足跡踏向臺灣內陸、原住民所在的偏遠山區，在荒煙蔓草中思索生命的旨趣，實踐工作的使命。

其中，我認為有一群人特別可敬。他們不是基於商業利益而來，也並非為政府服務。他們離開家園數千里，只因為上帝呼喚著！就算在臺灣的傳教工作再多艱難，也總以神的呼召作為一生職志。

他們是傳教士，也是一群為愛奉獻無所畏懼的福音戰士。

## 為上帝啟程：比臺灣人更像臺灣人

在認識這群福音戰士以前，有一個基本概念大家必須要知道，作為一神信仰的基督教跟臺灣傳統的民間信仰有著截然不同的宗教觀。一神信仰中的上帝全知！全能！至善！至強！作為神聖超然的唯一存在，是宇宙唯一的主宰，所有的人類都該信服祂。但我們的民間信仰沒有這種執著啊！你拜你家附近的土地公就好，不用拜到我家隔壁這尊，因為你們家滿遠的，我們家土地公沒有管到那邊去。這可不是小看神明的神力，而是在民間信仰中，神明可以有著地域性區別，各方有著各方的角頭勢力！我們接受全臺灣到處都有在地的媽祖、土地公……神明，每一間都拜也完全沒問題，但在民間信仰的世界觀裡，從未想過有個最強媽祖、最狂土地公一統江湖的需要。

基督教信仰的世界觀不是這樣的，雖然有著不同的教派，上帝就是唯一。「所以，你們要去，使萬民作我的門徒，奉父、子、聖靈的名給他們施洗。」（馬太福音28：19）即使那裡是異世界，那裡的人頭髮、眼珠、皮膚及語言文化和我們統統不一樣，你們還是得去，去散播上帝的愛、上帝的恩賜、上帝的一切吧！讓異邦的子民擺脫偶像崇拜的罪孽，讓異邦的子民認識這位唯一的真神吧！

再遠都要去！再難都得去！

不可能都工業革命了，去個臺灣還很困難吧？不可能都十九世紀了，去臺灣還要花很多時間吧？

你不可能不知道「不可能」吧？

英國長老教會傳教士李庥（Hugh Ritchie1835-1879），一八六七年七月十五日從英國倫敦登上準備航向香港的格雷莎姆號，先在船上等了九天，等到天氣變好，海象平穩，七月二十四日才得以啟航。從大西洋彼岸到太平洋此岸，抵達香港已經是一百一十七天後。接著再從香港轉往廈門換乘前往打狗（高雄）的船隻。最終抵達臺灣時，已經是一八六七年十二月十三日了。

來自加拿大長老教會，臺灣人最熟悉的傳教士，馬偕（George Leslie Mackay, 1844-1901），在一八七一年十月十九日從加拿大的火車站啟程前往美國舊金山港口，十一月一日，終於搭上美利堅號，準備飄洋過海來臺灣。途中經過日本的橫濱港，中間再遇上好幾次暈船，吐得馬偕死去活來！十二月五日抵達香港後，馬偕巡視了

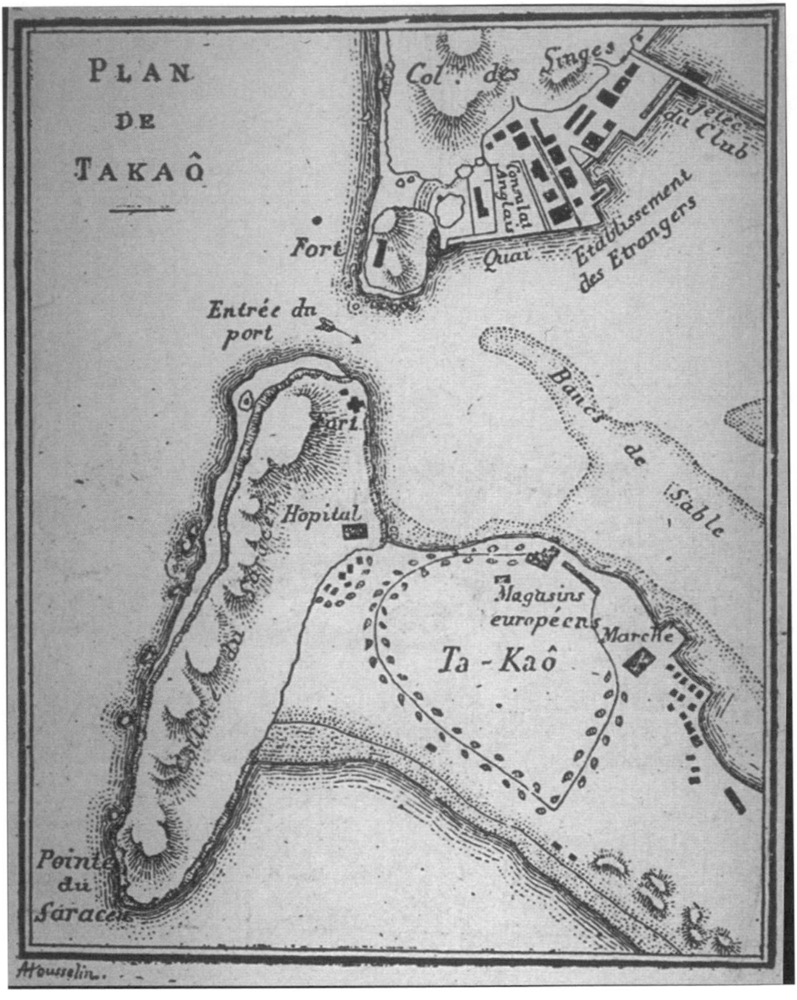


1893 年法國人手繪的打狗港地圖。

廣東、汕頭及廈門一帶的布道狀況，十二月三十日，馬偕再前往臺灣的高雄，在這裡拜訪了許多傳教士前輩，直到三月九日才正式登陸淡水。

就算已經歷過工業革命了，就算時間都來到十九世紀了，前往臺灣的路程依然曠日廢時，充滿挑戰。而且這還只是第一關！

雖然說跋山涉水遠渡重洋來到臺灣很辛苦啦！可是一個渾身上下跟臺灣人長得不一樣的阿兜仔，一開口就跟你說上帝比較好，然後要你跟女神媽祖分手，以後連朋友都不要做？到底哪個臺灣人會接受？

而且，重點是我們臺灣人還聽不懂！十九世紀的臺灣可沒有義務教育，沒有小學就開始的英文課，更沒有雙語教育。阿兜仔開口閉口，不管他講哪一國語言，我們統統聽不懂！

所以，每個想在臺灣開啟上帝宇宙的傳教士，來到臺灣第一件要務，就是先把當地語言學好。

像馬偕，自己就在日記裡有著洋洋灑灑的臺灣話學習紀錄。其中，馬偕寫道他每天都要學習一百個新的單字！而且要一直複習到它們就像老同學般熟悉才行。

看看馬偕，想想自己！人家一天一百個，你呢？我先自首，我不夠努力！

馬偕還不只是一天背一百個單字而已。他很清楚學習語言的訣竅就是要使用才有用。儘管很多臺灣人認為他是一個古怪的「番仔」，他臺灣話的發音有夠不標準，他都毫不在意！他非常喜歡跟臺灣人進行大量的對話練習，尤其是一般民眾，地方的媽媽、路邊的大哥、放牛的小孩，馬偕都愛！我就講，大聲講！

透過與當地人頻繁的對話，馬偕不僅建立了良好的地方人脈，也學到許多一般民眾的日常用語，讓他講起來臺灣話來越來越道地。馬偕在日記寫道：「從他們的身上，我學習到許多書本上學不到的字彙和片語，而這就是一般人所使用的語言。」刻苦學習語言的馬偕，成效驚人！他從抵達臺灣開始學起，經過三個月後，馬偕說：「我（使用臺灣話）閱讀經文，解釋經文，並提出問題，然後唱聖詩以及禱告。我發現自己都可以非常自在，毫無困難地表達看法。」三個月耶！馬偕就能夠流利地使用臺灣話了！多少臺灣人學英語學了大半輩子，結果開口永遠只會 “I'm fine.” “Thank you.” 看到馬偕的學習紀錄，想想我們過去幾年學語言所花的學費與時光，終究是錯付了。

而且，在臺灣傳教，一種語言夠用嗎？為了推展上帝宇宙，化解宣達福音的鴻溝，傳教士個個都像是語言天才。英國的李庥一開始學了閩南語，後來發現到客家庄傳教只有閩南語行不通，所以開始學客家話，成為第一個會說客家話的傳教士。他之後又深入平埔族所在的區域，發現只有掌握當地語言，才能更快速地拓展平埔族群改信其他宗教的步調。

這些人啊，走到哪就學到哪，在上帝宇宙裡，沒有族群，不分地域，難怪歷史上的傳教士們常常都比臺灣人更像臺灣人。

## 醫療傳道：一手聖經，一手手術刀

就算傳教士努力學習在地語言，試著跟臺灣本地人友善溝通。但對於這群「洋鬼子」帶來的基督教信仰，很多人還是持有懷疑與敵意！

一八五七年出生的林學恭牧師，在信教之前，第一次觀看禮拜堂的內部，寫下這樣的心情：「看人閉目在祈禱，懷疑是在念咒語。詳細看禮拜堂內沒有上帝的像，也沒燒香。哼！真的是異端邪教。毛孔直豎，心肝噗噗惝，不敢進去，只有站在門外觀察一切。」

林學恭牧師的這種想法，點出了當時很多臺灣人的質疑心態。基督教要人不崇拜偶像，就等於是要臺灣人放棄拜神拜佛，連祖先牌位都不可奉祀。這種信仰不邪門嗎？我們怎麼對得起漫天神佛與列祖列宗啊！

而且在臺灣的民間信仰，求神拜佛主要是為了解決現實問題，拜拜是為了航海平安，為了求發財金，為了考試順利，為了找到良緣。民間信仰很少透過拜拜在祈求自己擁有良好德行。到底哪個燒香拜拜的人，是慎重地點了三炷香，跪在神明桌前祈禱：愛是恆久忍耐又有恩慈？然後帶著金紙在金爐前隨著熊熊火焰詠唱愛是不自誇，不張狂？

不得不承認，我們的民間信仰帶有非常現實的功利取向。

基督教信仰，一方面與傳統敬神拜祖的信仰文化大相逕庭，一方面向上帝禱告又無法提供現實的利益滿足，那麼該怎麼傳教呢？

既然臺灣人的信仰文化是相對現實的，那麼傳教的手法，就現實一點吧！

一八六五年，臺灣第一位醫療傳道者，英國長老教會的馬雅各醫生（James L.

Maxwell,1836-1921）就說：「醫療傳道是攻克迷信與無知堅固城堡最好的武器。」你不想聽我傳教，但你總會遇到身體不舒服的時候吧？傳教士的話可以不聽，醫生的叮嚀囑咐可以完全不理嗎？再者，如果這個醫生很強很威，什麼疑難雜症，遇上他全都有機會治好！那麼他說的話要不要聽？他信的神，是不是也值得參考看看呢？

馬雅各就是這樣一個值得信任的醫生兼傳教士。他畢業於蘇格蘭的愛丁堡大學醫學院，學成之後曾在英國倫敦擔任住院醫生六個月。這樣一個醫科畢業的高材生，在英國享有崇高社會地位與優渥的薪資待遇，卻在二十八歲的時候，放下在英國的一切，來到臺灣展開醫療傳道的工作。

英國長老教會駐臺灣宣教師馬雅各牧師。

一八六五年六月十六日，馬雅各在臺南看西街的一棟小屋子（今臺南市中西區仁愛街四十三號）開了一家小醫館，成為他行醫兼布道的場所。這是臺灣第一家西式醫院，馬雅各會先統一為病人們講道，再一一看診配藥。

不知道你有沒有這樣的看病經驗？其實滿多臺南人有的！不知道是不是繼承馬雅各留下的傳統，臺南有一位非常神奇的名醫，掛完號後，所有求診患者必須先集中起來，一起聽完這位名醫的演講，才能開始看診拿藥。演講內容就是聽醫生分享他的人生大道理、有點激烈的政治評論，以及家人的照片！你可以不認同他講的所有話，但務必忍受，因為沒有聽完，就沒有看診資格。

不管如何，人家確實有醫術的獨到之處，有名到許多外縣市的人還會特地到臺南聽他演講呢（其實是看病啦）！

馬雅各的講道好不好聽，我不知道，但妙手回春的醫術絕對是備受肯定！所謂「不招人忌是庸才」，由於馬雅各醫館大受歡迎，吸引了眾多病人前往看診。在地的傳統中醫感到嫉妒，於是放出風聲，惡意抹黑馬雅各。他們說，馬雅各的外科手術其實就是動刀殺人，他是個挖人心臟、取人眼珠，將人肉製成藥的變態！看西街醫館的倉庫就堆滿了這些被挖心取眼的屍體……

這謠言很87我知道，但每個時代的鄉民都很好騙，你也該知道。府城的民眾被這些造謠抹黑所煽動，當時普遍仇外的官員也不加以阻撓。在群眾激情包圍下，最後馬雅各只好決定關閉診所，暫時離開臺南，前往有英國領事常駐的高雄旗津，重啟他的醫療布道工作。一時受到謠言之苦的馬雅各，其一身的醫術並無法被取代。在打狗海關工作的必麒麟就曾經記錄：「馬雅各醫生使用奎寧及在白內障和切除腎結石手術上所完成的神奇治療，不久就從全島各地吸引無數的病人來。」

當時的民眾在臺灣沒見過什麼西醫，在那兒看西醫確實是奢侈的！可是我們的馬雅各醫生又不收費！他提供豪奢的享受，免費的服務，他用真誠奉獻與仁心仁術消弭了抹黑的謠言。不久後，他再度返回臺南，而且蓋了間可以容納更多病人的西醫館，找來更多醫生入駐，一起幫忙。

你可以不被上帝感動，卻很難不被馬雅各這種無私的醫療服務精神所打動。即便馬雅各後來回到英國，播下的現代醫療種子依然繼續茁壯，在患者越來越多的情況下，繼任者開始著手規劃興建大型醫院。一九〇〇年新醫院落成，從馬雅各當初建立的舊址搬到新的樓仔厝，這就是被稱為臺灣第一家西醫院——臺南「新樓」醫院的命名由來。

## 教育傳道：一手聖經，一手粉筆

在馬雅各率先示範下，不少傳教士也都將醫療傳道作為傳教的重要手段。主戰場在北臺灣的馬偕，縱橫北北基、宜蘭、花蓮，十多年來，拔了二萬一千多顆臺灣人的牙齒，拯救眾人的牙疼，釋放上帝的善意！

不過，假如我們期待上帝宇宙在臺灣能夠自然而然的發展並持續擴張，就不可能一直仰賴外來的傳教士進行布道工作。只有在本地扎根，培養臺灣本土的宣教人才，這才是基督信仰落地生根的長遠之道。那麼，這就一定要靠教育了！

一八八二年，馬偕藉由募款所得，在淡水蓋了一間學校取名為「理學堂大書院」，英文名字為「Oxford College」（牛津學堂），第一年招生，總共有十八名新生入學。這間

馬偕為民眾拔牙。

學校很時髦的是，明明是十九世紀蓋來培養傳教士的神學校，卻非常呼應現代教育的跨領域學習。

在理學堂大書院，學生必須接受測驗，扣掉最重要的「聖經」這科，還需要學習中國歷史、中國詩詞、自然史、天文學、解剖學、生理學、植物學、亞洲地理、貝類學，以及二十種醫藥相關文獻。而這些科目，馬偕統統自己下去教！

對於馬偕來說，上帝創造宇宙萬物，作為上帝的僕人，當然什麼都要懂，什麼都得學啊！他本人就十分熱愛帶學生進行實地踏查，馬偕說：「看看大自然多采多姿的美麗。當人坐在岩石上、在水裡走、看著小溪流水時，如何能不明瞭上帝的神妙！啊！真正了解祂，就要俯伏在祂面前。」

馬偕不僅要學生學得多，也注重實際的運用，他的教學非常重視演說與辯論。

馬偕認為不能只是把知識死記下來，要懂得說明、評論並反思。對問題的論述力道，決定你洞察教義的深度；對問題的解釋力道，決定你傳播福音的說服力。

透過這樣的栽培和訓練，學生學得廣，看得多，又會講！個個繼承馬偕，畢業後到各地教會服務，成為臺灣下一個世代的福音戰士。

理學堂大書院，位於今天新北市淡水區真理大學校園裡。

傳道是快樂的，培養更多的傳道者可以增加一百倍的快樂。馬偕曾經在日記寫下：「整天教導新店這裡的學生，從保羅到提多，有些學生如此親切如此認真！我喜歡這工作，我喜歡大家這樣願意學習。」

晚年的馬偕得了喉癌，喉嚨長出了腫瘤，甚至潰瘍。他幾乎沒辦法發出任何聲音，但他還是堅持繼續授課。用眼神，用手勢，用文字，用盡生命一切的能量繼續與學生交流。

「寧願燒盡，不願鏽壞」，如今被視為是馬偕的傳道精神。因為生命有限，所以才更顯得生命寶貴，不該只是躺平，任由時間侵蝕鏽壞。因為生命有限，更應該努力不懈，為自己心嚮往之的旨趣拚命燃燒。即便過程中釋放出的光與熱，只能點亮一個小空間，只能暖和一陣子，你我還是可以在世界留下曾經炙熱過的痕跡。

所以，作為一個老師，我也要說：「我喜歡！」在你聽著課的時候，在你讀著這篇文章的時候，即使只有一瞬間，我喜歡大家這樣願意學習。

# 第九篇

# 如果能重來，我要選清國嗎？——日本帝國來了！

一八九四年，清帝國與日本帝國在朝鮮半島與黃海一帶爆發衝突，歷史上稱為「甲午戰爭」。

清帝國遭受重創，經營十多年的北洋水師幾乎全軍覆沒，九艘主力戰艦中有七艘艦艇的艦長殉職身亡。陸戰的情況也慘不忍睹，日軍殺過鴨綠江，進到遼東半島，位於北京的紫禁城，瑟瑟發抖。日本則大獲全勝，大肆宣傳這是明治維新的大成功，日本已迎頭趕上歐美國家，確立「脫亞入歐」，大日本帝國象徵著亞洲進步的榮光，打敗陳腐守舊的清帝國，成功解放落後的朝鮮！

每天收到戰情快報，看到中國幾乎天天被打爆的日本朝野一致呼籲：「繼續打～不要停！」

清朝則趕緊派出他們的簽約王——李鴻章親赴日本談判。話說，李鴻章這人可以說是晚清的天下第一臣，幫助大清帝國簽了十幾個重要的對外條約。也可以說他是大清的擦屁股大師，所有爛攤子大多都要靠他去收拾，這次也不例外。而日本的談判代表是伊藤博文，他是日本第一任首相，近代日本最為出色的政治家之一，穩健可靠，手腕靈活。在這次的談判中，伊藤博文挾著日本勝利的戰果，姿態擺得特別硬。日本連停戰都不太想了，李鴻章想要議和更是連邊都摸不到。雙方已經上了談判桌喬了三次，毫無共識。

然而這時，突然發生了震驚國際的暗殺事件！

一八九五年三月二十四日下午，七十三歲的李鴻章在往來談判與住所的路上遭到刺客槍擊，子彈擊中他的臉頰，當場血流如注。這顆子彈雖然沒有讓李鴻章一槍斃命，卻讓日本政界人人嚇破膽。由於沒有打到要害，在緊急醫療處理後，李鴻章迅速地康復。但日本的臉可丟大了，「中國的外交重臣在我們境內遭到暗殺，這怎麼說得過去？」本來談判的底氣全都洩了氣，直接保送傷癒復出的李鴻章安全上壘，進到議和區。

一八九五年四月十七日，日本時間上午十一點四十分，雙方正式簽署《日清講和條約》，即我們熟知的《馬關條約》：中國須支付日本賠款兩億兩白銀，並將臺灣全島、澎湖群島永遠讓與日本。經光緒皇帝批准自一八九五年五月八日正式生效。

啊，從此，清國人一秒變成日本人？

# 你有沒有心要獨立啊？

馬關條約是一個正式的國際條約，清帝國與日本帝國是站在法律基礎上完成了國與國的領土交割。

當臺灣、澎湖割讓予日本的消息傳到臺灣後，許多知識分子對於這個訊息感到萬分不能接受，憤慨非常！五位臺灣出身的官員與舉人聯合上書：「假如戰爭打來臺灣，我們便一起戰鬥，戰到最後！淪陷了，那就淪陷了；犧牲了，那就犧牲了！至少我們曾經一起努力過，即使肝腦塗地也絕不後悔。但今天敵人都還沒打過來，你們就把臺灣拋棄了！我們實在不能接受，這是要我們從此去侍奉日本人嗎？日本人多討厭我們清國子民啊！以後臺灣人一定會被欺負！與其屈辱地活著投降，不如痛痛快快戰一場，死了以後還能當義民。」[14]

你們講得是慷慨激昂，不過約都簽了我能怎麼辦？清政府只能跟臺灣說：「你們要自立自強啊！」然後便高歌離席。

臺灣的地方仕紳對於清廷這種拍拍屁股就閃人的態度，十分不滿。就這樣把我們丟包給日本人嗎？好啊！既然你撒手不管，那麼自己的島嶼只好自己救！

日軍近衛師團於基隆與義軍交戰。（出處：維基百科）

仕紳們開始研究起國際公法，結果翻著翻著，還真的給他們找到一條看起來可以用的內容耶：「割讓土地需要問當地居民能否接受，如果居民順服，才算割地成功。」

欸欸，解套了！就是這條了啦。如果我們不願意接受日本統治，就代表割地不算數囉！所以，我們接下來要做的就是向國際證明，我們臺灣人誓死不從，不要就是不要！日本人Get Out！

五月十五日，臺灣巡撫唐景崧代表臺灣人的心聲發布國際公告：「拜託大家出手幫臺灣個忙吧！我們並不想給日本統治，只要世界各國的大哥大姊們願意出來幫忙說說話，提供支援與資源，將來臺灣一回到大清帝國的懷抱，我們臺灣人絕對全力回報！Taiwan Can Help! 現在可不可先幫幫我們呢？望周知！」

五月二十五日，勇敢的臺灣人在上午九點舉行獨立典禮，正式宣布成立「臺灣民主國」，原臺灣巡撫唐景崧擔任大總統，苗栗銅鑼出生的進士丘逢甲為副總統，負責領導義勇軍。

每次教到這裡，我都會問學生：「有人說這是臺灣歷史上最早的獨立運動？老師給你們幾個線索，請幫我分析一下，上面這句話到底成不成立？」

・線索一：臺灣民主國的國旗、國徽皆為藍地黃虎。
・線索二：臺灣民主國的年號「永清」。
・線索三：唐景崧就任大總統的宣言提到臺灣民主國應「恭奉正朔，遙作屏藩」。

你的判斷結果如何呢？

首先，大清帝國的國旗是黃龍旗，黃底藍龍。臺灣民主國則是藍底黃虎。不僅顏色剛好成對比，龍與虎亦是成對的吉祥物。大家再注意看，國旗上的黃色老虎，還用

此為國寶臺灣民主國藍地黃虎旗。
（出處：國立臺灣博物館提供）

著深情的眼神仰望著西方呢！是在看誰啊？不就是那西臺灣——中國大陸那方嘛。再來，年號「永清」字面上的意思再清楚不過了：永遠都是清朝的。清朝 Forever！這示愛的手法保證是直球對決，沒有任何遮掩。最後那句「恭奉正朔，遙作屏藩」，更是充分地宣告，我臺灣民主國還是敬奉你大清帝國為「正朔」，你是正牌老大，我願意當你東南方的小寶貝就好。

三條線索，每一條都充分告訴你，臺灣民主國根本沒有真心要獨立，僅僅是想藉由獨立建國的方式，向世界宣告：我不想跟日本在一起，不要讓臺灣跟大清愛人錯過！臺灣民主國的成立正是藉由拖延時間，爭取國際關注，試著拉長戰線！

但日本才不甩你這招呢！五月二十五日你臺灣宣布獨立，我日軍五月二十九日就從澳底登陸（新北市貢寮）。而六月六日總統唐景崧就光速打包前往廈門了！「溜之大吉～酸！」唐景崧終於鬆了一口氣了！老家在廣西的他，巴不得立刻回家好嗎？只是來臺灣當個官，結果遇上歷史性時刻，被大家押著成立臺灣民主國，被大家逼著當有夠沒意思的總統！

唐景崧表示：嗚嗚嗚……當時我真是害怕極了！

聽到唐景崧離開臺灣的消息，副總統暨義勇軍統領丘逢甲也快速將包袱收拾收拾，六月七日趕緊舉家前往廣東。雖然他離開時寫下了動人的名句：「宰相有權能割地，孤臣無力可回天」，可是逢甲，日軍來臺灣才幾天而已耶，你真的有出到力嗎？

一八九五年六月十七日，日本在原本清朝巡撫衙門（今天臺北延平南路的中山堂），由第一任臺灣總督樺山資紀、北白川宮能久親王的主持見證下，舉行「始政典禮」，宣布日本正式統治臺灣。隨後，日本持續進軍南下，鎮守臺南的劉永福大將軍，沒有援軍缺乏補師回血，等級再高也坦不住了，十月二十一日臺灣民主國滅亡。十一月十八日，日軍確認控制全臺灣，總督樺山資紀向日本回報：「全島悉予平定。」

## 今晚，你想要當哪一國人？

其實依據馬關條約第五款，臺灣割讓給日本後，擁有兩年的緩衝時間，可以讓臺灣人自由選擇國籍。自一八九五年五月八日條約生效日起至一八九七年五月八日，想繼續做清國人的話，可以自由離開臺灣，沒有人會限制你。兩年後，選擇留在臺灣的人，則自動成為日本國民。

給你猜猜看，臺灣當時的總人口大約落在二百五十到二百八十萬之間，在那兩年的緩衝期，有多少人選擇離開臺灣呢？

根據那時的官方統計資料，最後選擇離開臺灣一共是六千四百五十六人，僅占當時臺灣總人口的〇．二三％到〇．二五％。

我第一次看到這份資料時，是在我國中的時候。當時，我正在寫考卷，題目出現了這個數據！我滿肚子問號，下課後立刻衝去找老師問：「為什麼？」

老師，你上課都教臺灣人很不想被日本統治，一直抗日一直抗，課本沒完沒了的抗日事件。而且唐景崧、丘逢甲都跑回中國大陸了！感覺大家都不想被日本統治，那為什麼明明給了兩年時間，選擇當清國人的比例卻這麼少？這不合邏輯啊！

其實不合邏輯的是我，不夠成熟的也是我！實際上，不想被日本統治的人，不代表想離開臺灣；想回到中國內地的，不代表有能力成為清國人。

長大後，我把我年少的疑惑變成上課時的提問，詢問學生：「假如你選擇離開臺灣，前往中國當清國的子民，你會一個人走，還是帶著全家大小離開？」

學生：「老師，我要全家大小一起走。如果跟家人分開，我會很擔心在對岸的家人會受到什麼樣的對待。」「老師，當然要全家大小一起走啊，才不用天天想念著他們。」

我：「離開的過程中，你需要具備什麼能力？你會付出什麼代價？」

學生：「老師，我需要有錢有船有權力，而且最好我在中國就有土地了！我可能要付出永遠也沒辦法回到臺灣的代價。」

我：「假如你們是選擇留下來成為日本的國民的那一群人，你為什麼要留下來呢？你是走不開，還是不想走呢？」

大部分的學生都回答：「口袋空空沒錢啊！就走不開！」也有部分寫道：「老師，我對中國那裡人生地不熟，離開臺灣我是要去哪裡啦？」

我：「那你留下來會反抗還是服從呢？」

我本以為現代的學生個個都是孤勇者，應該會齊聲回答：「去嗎？去啊！以最卑微的夢！」「戰嗎？戰啊！以最孤高的夢！」

結果沒有。他們有九成都選擇乖乖服從，理由很簡單：「怕死。」還不禁勸誡我一番：「老師，活著很重要，只要命還在，人生就有希望啊！」

謝謝你們哦，難怪你們每次考不好的時候，都還是那麼樂觀地鼓勵我，還有下一次段考！

儘管學生的回答很直白，卻充分地反映出一百多年前臺灣人選擇的真相。能走的人，大多都是有錢有權的人，且在中國大陸已有家產物業，離開的六千四百五十六人，幾乎都是中上階層的臺灣人。回得去，是因為有能力回去；走不開，是因為這裡就是我出生的家鄉，我所有的家人都在這裡。

對於一般老百姓而言，只想好好生活。如果我選擇服從，我就能好好過生活，那麼統治者是清帝國或日本帝國，對我而言又有什麼差別呢？然而，如果我選擇的是反抗，那就代表這個統治者可能嚴重地威脅到我的生存利益了，才不得不獻上自己的生命作為賭注豁出去，狠狠地拚一場。

在看待這段日本與清帝國政權交替歷史的時候，我們要特別留意的是，不要被民族情緒沖昏了頭。人們害怕不是被「日本」統治，而是被「陌生人」統治。

面對陌生人，總是會有疑慮恐懼。新來的統治者，會怎樣對待我們呢？因為不了解，所以擔心；因為不熟悉，所以害怕。如何在這些擔心、害怕的疑慮中，找到與臺灣人繼續往前進的可能，就成了新來的統治者——日本，要思考的事了！

## 既期待又怕受傷害的殖民地初體驗

日本在海外擁有的第一個殖民地就是臺灣，面對這個統治殖民地的第一次，日本實在既期待又怕受傷害。

期待的是，這是日本帝國向西方列強證明自己實力的大好機會！如果我能把臺灣這塊原本清廷統治下，有著一堆文盲，愚昧落後又不衛生的瘴癘之地，重新打造成一個文明開化繁榮進步的島嶼。那不證明了我大日本帝國很現代化，很文明、很潮！第一次統治殖民地就上手！完全可以同步歐美國家，甚至可以說超越西方列強！

但也很怕受傷害啊！臺灣這塊鬼島，到底有多可怕，日本人從一八七四年的牡丹社事件就知道！牡丹社事件時，來臺攻打的日軍大約是五千九百人。但來到臺灣這塊熱帶島國，一一中鏢，罹病者高達一萬〇四十九人次。也就是說平均每個士兵來臺灣打仗會生病兩到三次。看來，到臺灣病死的機率可能比戰死的機率還要高很多啊！

有自信點，把「可能」兩個字拿掉！

馬關條約簽訂後，日軍進占臺灣，從五月開始打到年底，日軍受傷的人數五百一十五人，戰死的有一百六十四人，但生病的士兵高達二萬六千九百九十四人，其中病死者為四千六百二十二人。

娜魯灣娜伊兜咿呀嘿～ Welcome to 鬼島！

臺灣這塊燙手的番薯，到底該怎麼辦呢？日本在統治初期有很多的討論。有一種說法認為臺灣的問題不在地理環境，而是在人啊！留島不留人！我們應該把全部的臺灣人統統趕出去！讓勤勉優質的日本人來取代原本的「島民」，就可以利用日本人優秀的民族性充分開發臺灣這塊島嶼的資源，盡情享受這片新領土帶來的豐饒物產。

也有一種說法是，臺灣真的是個賠錢貨，有夠失控，地方上吵吵鬧鬧，亂個不停，瘟疫又多，沒被打死遲早也會病死！統治臺灣後軍費支出一直燒，再這樣下去入不敷出，不如趁早認賠殺出。臺灣總督直接向國會建議要不要用一億日圓賣給法國，還是看清國要不要把他家孩子贖回去？

這些對於統治臺灣的猶疑和擺盪心理，等到日本治臺第三年，第四任總督兒玉源太郎與他的民政長官後藤新平來到臺灣後，才有所改善。

後藤新平是一位在德國留學取得醫學博士學位的實務型人才，來到臺灣後，立刻展開大規模的調查研究。他認為知己知彼才能百戰百勝，臺灣人跟日本人本來就是不一樣的人。如果對待兩者都用同樣的統治方法，怎麼可能會成功？因此他認真蒐集臺灣的各項資料，包含各種文化習慣、宗教習俗。他認為不能蠻幹，一定要依照臺灣原本的風俗習慣來規劃政策方向。溫水煮青蛙，慢慢地將臺灣人給馴化。

再來，他認為日本在當時既然對外主張帝國膨脹政策，想要積極擴張殖民地，怎麼可以在第一個殖民地臺灣遇到挫折就放棄？那接下來哪裡都別想去了！因此主張全力在臺推動公共衛生與現代醫療政策。當我們可以把鬼島臺灣打造成一個日本人可以舒適生活的環境，這不只僅僅是代表日本的殖民成功，更是熱帶醫學研究的一大突破，臺灣將會是我們南進的前哨站！

在總督兒玉源太郎的充分信任與授權下，後藤新平在臺灣任職長達八年八個月，不僅啟動嚴密的數據調查，更大力推動完善的基礎建設。像臺北的公共衛生下水道，居然還領先東京兩年完工。一九〇六年時，臺灣人的平均壽命為二九．七歲，到了一九一〇年時已經改善到為三六．一歲。

對的，很厲害！接下來我還會向你介紹日本統治在臺灣的許多化腐朽為神奇。但我一定要提醒你，這些絕對不是日本在臺灣做的慈善事業，而都是有其目的與利益考量的殖民工作。

14 翰林院庶吉士李清琦、戶部主事葉題雁、安平縣舉人汪春源、嘉義縣舉人羅秀惠、淡水縣舉人黃宗鼎；「夫以全臺之地使之戰而陷，全臺之民使之戰而亡，為皇上赤子，雖肝腦塗地而無所後悔。今一旦委而棄之，是驅忠義之士以事寇讎；臺民終不免一死，然而死有隱痛矣。……然倭人仇視吾民，此後必遭荼毒，與其生為降虜，不如死為義民。」

# 第十篇

## 阿伊屋耶喔——新式教育在臺灣

想到求學時代的回憶，你會想到什麼呢？是那個老是借立可帶借了都不還的隔壁同學？還是講完這段我們就下課，結果總是上到下一節課的老師？又或是那個能讓便當盒變成螢光色，到底是加了什麼料的營養午餐神奇咖哩？

我們現代所熟悉的學校生活：依照課表，按照科目進行各式各樣的學習，其實是到了日治時代才出現在臺灣。

清帝國時代下的臺灣，還停留在中國傳統的儒家教育，當時最普及的學校型態就是私塾了。私塾指的是老師在自己家裡找個空間招攬學生上課，或是地方鄉民集資請老師到社區活動中心來上課。主要的教育功能是培育小孩們基本的讀書識字能力，簡單的教材有三字經、千字文，進階的讀本則是四書五經。程度好的學生，會進行八股文的撰寫練習，這是當時科舉考試所規範的標準寫作格式。

所以，在清帝國時代，如果父母有能力送孩子進到學校念書，要麼是為了培養小孩基礎的讀寫能力，要麼就是期待小孩能夠參加科舉考試獲取功名，出人頭地。那個時候，才不會有跑八百、測一千六的體育課呢！也不會有夾雜全班口水味的魔音直笛音樂課。

日本統治臺灣之後，對於這塊新領土將如何進行統治？有眾多的討論。十年之前我跟你不熟，你不屬於我；十年之後，到底什麼樣的方法最有效，能將臺灣改造成日本的新國民呢？

是「教育」，怎麼想都是教育！蘇聯時代的教育家曾引用獨裁者史達林的話，形容教育工作者是：「人類靈魂的工程師。」你也許可以透過一次精采的演說，針對一群人洗腦，但如果你要對一個世代的群眾進行大規模的改造，就只能透過教育。

我們當老師的都深知教育的魔力，一個班帶久了，一踏進教室，整個班級的環境、風氣，往往都能看得出導師的影子。

「十年樹木，百年樹人」，教育工作，當然是得花上不少時間，但只要有著精巧的設計，教育依然是最有效能的方法，可以不知不覺地將民眾變成統治者喜歡的形狀！因此，統治者當然可以選擇快速鎮壓、簡單粗暴的絕對宰制，但很多時候，統治者更懂得必須適當透過教育，細水長流地進行優雅細膩的改造工程。

接下來，我們就一起來看看日治時代臺灣的新式教育如何發展吧！

## 新的「國語」，新的可能

你到幾歲才開始不再相信聖誕老公公？你到幾歲才開始懷疑媽媽到底幫你把紅包收到哪裡去？

沒錯，孩子，越小越好拐！教育一定要從基礎做起。日治時期的初等教育，正是統治者花最多心力研發的階段，也是當時臺灣就讀人數最多、影響最廣的教育階段。

雖然經過許多不同時期的調整，整體來說，日治時期臺灣人最重要的初等教育就學機構是：「公學校」，公學校主要招收七到十二歲的學齡兒童，相當於臺灣今天的國民小學階段。

首先要留意的是，「公學校」基本上只招收臺灣本地的學生。如果你是在臺日本人的小孩，你要讀的是「小學校」。本島人（臺灣本地漢人）、內地人（在臺日本人），各有各的學校系統。畢竟一個是被殖民者，一個是殖民者，身分不同，自然學校也不同。

那麼，進到「公學校」就讀，要上多少課呢？學習哪些課程呢？我們來比較一

日治時期瑞芳公學校的師生合照。（建檔單位：基隆市政府文化局。取自於《國家文化記憶庫》）

下好了。現在臺灣的低年級學童（小一、小二），只有禮拜二是全天上課，其餘的四天都是中午放學。一週的上課時數總計二十三節課。主要的科目有國語、數學、生活、本土語、英語、體育、健康、美勞，時數最多是國語（六節），其次是數學（四節）。

以一九一二年（大正元年），公學校的課程表為例，日治時代的公學校兒童稍微辛苦一點點，在相當於低年級的學習階段，一週的上課時數是二十六到二十八節，主要的科目有國語、算數、漢文、修身、手工及繪畫、歌唱、體操。但是，其中國語科的時數占了壓倒性的比例，總共十二節。

日治時代的國語當然不是我們現在的國語，那時候的國語就是日語。為什麼公學校的「國語」科時數如此之多？我們要知道，語言不僅僅是一種溝通的工具，更代表著一個民族的靈魂，承載著一個民族歷史文化的積累。因此，當你嘗試開口利用某種語言進行溝通表達時，就代表著你試著使用那種語言背後的文化脈絡來思考。

國語科時數的高比例，代表著日本人企圖同化臺灣人的強烈意志。只是臺灣人到底買不買單呢？那時候的日本老師在進行家訪時，就提到當時的家長，對於學習日語非常反感：「阮是唐山人，學番仔話有什麼路用？」

不只對於學習日語有意見，臺灣本地人的家長，看到小孩子去上學，不僅沒有在吟詩背書，居然在學校給我唱歌、做體操？真是滿頭漢人問號。在傳統的漢人社會裡，唱歌跳舞是戲子的工作，社會地位相對卑下。明明送你去上學，就是要你力爭上游，怎麼可以不讀書呢？體操課則讓爸媽擔心，這是在做什麼？為什麼到學校要做體能訓練，是為了養成後備軍人嗎？我的小孩以後要被抓去從軍嗎？上課不好好上課，還不如回家幫忙種田、放牛。

兩種完全不同的教育觀初見面的碰撞，的確短時間讓臺灣社會難以消化。但日子一久，臺灣人也漸漸發現新式教育的好處。

在吸收現代化知識的層面上，日語比漢文好用太多了。由於日本早在明治維新（一八六八年）後，就持續大量將國外最新的科學知識、社會潮流迅速翻譯成日語作品。若你還是只讀得懂漢文的話，大概只能繼續跟孔子、孟子當知心閨蜜了！但這時候，如果你能學好日語，就能成為跟得上時代，與西方思想無縫接軌的現代化知識分子，未來推動臺灣社會進步的工作肯定少不了你的參與！

在找工作賺錢的層面上，多學會一種語言，就是幫自己擴大顧客的來源。二〇一八年，有一個馬來西亞遊客到柬埔寨吳哥窟旅行，她遇到了一個在當地兜售紀念品的男孩 Salik。Salik 為了招攬更多的國際觀光客，總共會講十六種語言。遊客拍下影片上傳到臉書後，Salik 因此爆紅！日治時代的臺灣也有像 Salik 這樣的男孩、女孩，原本出身貧寒，但因為進到公學校，多學會一種語言，為自己的人生創造多一種機會，從農轉商或是成為基層公務員的例子可不少喲！

## 學校好忙，運動會、戶外教學樣樣來

只要你在一般的學校體制下念過書，就一定有參加過校慶運動會吧！學校是不是在那天生日並不重要，沒有人真正關心。學生會忙著練習大隊接力，從排棒次、到練習助跑、傳接棒……整個班級為了爭取榮譽都動了起來。學校則不斷集合學生，選出負責舉班旗、班牌的代表、擔任運動員宣誓的代表，然後持續練習列隊進場。大家必須反覆彩排再彩排，從典禮開始、奏樂、主席就位、唱國歌、唱校歌等各種儀式，確保全校可以展現出整齊劃一隊形與精神昂揚的態度。

你有沒有感受到了？學校運動會真正舉辦的目的，並不是為了慶祝什麼學校生日，也不僅僅是一場大型的體育活動。運動會的本質，就是一種精神操演！現任東京大學副校長吉見俊哉在他的研究中，就提到過往的運動會「即是兒童版的軍事演習」。

大約在一九〇七年後，臺灣的公學校開始會定期辦理運動會。跟現在一樣，開幕典禮時，教職員與學生在進場整隊完畢，必須面對著國旗唱國歌。只是當時他們面對的是日本國旗，一起大聲唱著的是日本國歌《君之代》，表現出對於日本的認同與效忠。

日治時期學校運動會的景象　。創作者：馬有成（提供）（建檔單位：基隆市政府文化局。取自於《國家文化記憶庫》）

運動會的活動內容，主要有競技類的活動，例如把學生分成紅、白兩隊，進行騎馬打仗，雙方各自搶占陣地。（欸……是在模擬戰爭嗎？）此外，還有體操展演活動，不管男童、女童，都會參與體操表演，展現出整齊劃一的動作（即使我們年紀小，也是可以跳得很有秩序的哦）！

在完成所有的活動後，閉幕式再集合一次，再唱一遍《君之代》。意不意外？開不開心？團不團結啊?!

儘管運動會置入了殖民者

企圖讓臺灣人認同效忠日本的愛國精神，也不斷行銷軍國主義的榮譽與秩序。但比起以前學校只會傳出：「人之初、性本善……」的孩童朗朗讀書聲，現在這個大進場！這個大會操！我們等了這麼多年，就是要看這個大場面啊！

日治時期的臺灣第一大報《臺灣日日新報》，曾經報導過當時的運動會盛況：「當日天候不佳，但參觀者仍高達兩千名以上，且大部分都是本島人。」「且生徒之父兄。幾百千人，環集參觀，俱非常喜悅。」「去十四日為大稻埕公學校，舉行秋季運動會……來賓以外往觀者數千人，俱嘖嘖稱善，至四時散會。」

看著這些記錄，不說可能你還以為臺灣是不是曾經辦過奧運咧！怎麼小學運動會可以熱鬧成這樣。

有運動會，當然也有戶外教學。今天，臺灣學校的戶外教學，尤其是畢業旅行大多是招標交給廠商統包。南部人就往中北部走，去逢甲夜市，去淡水。北部人就往中南部走，去義大世界，去墾丁。而南北交界的遊樂園，則成為全臺學生南北會師的打卡聖地。

老實說，我自己長期在教育現場，真心覺得這種外包式戶外教學，教育意義被稀釋得很淡薄，主要的功能大概是娛樂放鬆，以及創造學生間的集體回憶。不過，日治時代的戶外教學就真的扎扎實實，每個行程都很到位！

今天臺南市中西區的永福國小，當年是日治時代的南門小學校，曾為學生辦過夏季旅行。他們將學生分成男生組、女生組，兩個隊伍分別出發，前往關子嶺溫泉進行為期一週的戶外教學。沒錯，總共要去七天六夜啊！而且為了讓學生盡情感受到溫泉旅行的意義，一天之內居然規劃了三次泡溫泉的時間，真的是沉浸式體驗耶！扣掉一日三泡的行程外，老師們會帶孩子到關子嶺的野外進行自然踏查，探索周邊的動植物生態。到了晚上，師長們還會集合學生，進行朗讀活動與討論對話。

臺北市大同區的日新國小，當年是日新公學校，安排四年級的孩子到桃園的角板山遠足，五年級的學生則是到陽明山；年紀大一點的學生，還會前往嘉義的祝山。從這些地點的安排，可以看出當時的遠足旅行，可不是讓孩子坐遊覽車沿路一直吃零食、滑手機。而是特別安排登山活動，讓小孩子也可以親近大自然，並藉此鍛鍊身體。

這樣的行程，不曉得現在的學生想不想去？他們現在似乎只想在遊覽車上大唱卡拉ＯＫ，逼瘋老師跟司機，或是到飯店打完枕頭大戰再吃碗泡麵，繼續滑手機。

## 把臺灣人教成日本人的教科書內容

對於很多沒在看課外書的孩子來說，教科書的內容就決定他們如何理解世界的樣貌。尤其是在過往資訊不發達的年代，教科書可能就是他們接觸到的第一本書，甚至對某些人來說，教科書是他們一生中唯一擁有過的書本。

所以，想要學生怎麼思考，教科書就往那個方向去寫吧！清帝國下的臺灣，用儒家思想教化民眾，兒童的啟蒙讀本《三字經》看起來雖然簡單，卻富含滿滿的人倫義理、忠孝節義。

那麼，日治時期的教科書寫了什麼內容呢？

一九一八年出版的公學校國語教科書卷六第一課的課文標題叫做〈明治天皇〉，摘錄內容如下：「明治天皇是偉大的人，就在這一位天皇的朝代，我國變得很昌隆，我們都受到他的恩澤。以前臺灣有很多土匪加害於人。那時，天皇派了能久親王征討亂賊，除此之外，天皇也常常掛念臺灣的事情，因此我們在這裡才能平安的過日子……」

公學校國語教科書卷七第一課則是〈皇后陛下〉，同樣摘一點內容給大家欣賞：「皇后陛下生於明治十七年六月二十五日，她在每一個部分都很優秀，尤其在產業方面非常用心。」

公學校國語教科書卷八第一課是：〈天皇陛下〉，讓我們繼續看下去：「天皇陛下生於明治十二年八月三十一日，他在三十四歲那一年接下明治天皇的職位，成為我國天皇。他自小就非常聰明，文武雙全，我們能夠在仁愛的天皇底下過日子是多麼快樂的事情。」

連續三本國語教科書的第一課，都以日本天皇或皇后為主題。課文內容不斷出現我國、我們，想一想，這樣的教科書，連續使用個十年、二十年，臺灣的下一個世代，會怎麼理解他們所生活的國家呢？我國不是清帝國、不是中華民國，我國就是大日本帝國，我們所敬愛的不會是哪個皇帝，而是偉大又仁愛的天皇陛下。

除了國語科教科書之外，作為學童培養品格德行的「修身」教科書，也有類似的日本化情況。一九一四年出版的公學校修身教科書，內容出現了大約二十九個讓學生作為學習楷模的典範人物。這二十九位人物中，包含了一堆天皇：神武天皇、明治天皇、大正天皇、仁德天皇、醍醐天皇，連天照大神都進來了！卻只有兩個臺灣代表，你覺得會是誰呢？究竟是哪兩個臺灣歷史人物表現如此優秀，居然能夠擠進日本的德育教科書榜上？

答案揭曉：一位是在清帝國時代，擔任鳳山縣知縣，開鑿曹公圳治水有功的曹謹，另外一位則是吳鳳。在虛構的故事中，吳鳳是一位為了改善原住民出草的「惡習」，不惜自我犧牲的仁慈官員。

看到這裡，你會覺得日本很故意嗎？怎麼可以把教科書內容編成這樣呢？我只能回答你，如果我是日本人，當然要這樣編啊！我是統治者，我希望你可以愛日本，效忠日本，有著滿滿的日本價值，了解我所做的每件事都是為你好！你最好聽話、服從、配合我的一切施政，最好還願意為了日本不惜做出任何犧牲！這就是好國民的樣子，這就是統治者最喜歡的樣貌。

每個時代的教育工作，都是統治者的統治工具。每個時代的教科書，或多或少也都是統治者的業配文。只是他們行銷的價值會隨著社會變遷而改變，只是他們包裝的手法也會隨著時代進步而進化。

任何時代的官方教育，都是刻意的精心安排，內容再怎麼有趣，也不要輕易放棄懷疑；而任何學習的本質都是自主學習，這個世界沒有任何人可以代替你思考問題。

# 第十一篇

## 一起粗乃玩——一百年前的休閒娛樂

水瓶座的人看似很古怪，但只要被棒球打到還是會喊痛。
雙魚座的人看似很散漫，但是百貨週年慶時把錢花光光還是會慌張。
牡羊座的人看似很衝動，但是拍全家福照片時一樣乖乖不敢動。
金牛座的人看似很穩重，但打麻將輸了幾萬塊還是「金美宋」。
雙子座的人看似很多話，但電影開始播的時候還是會閉嘴。
巨蟹座的人看似很愛家，但每次放假都沒人約還是會寂寞。
獅子座的人看似很驕傲，但在海水浴場溺水時還是會求救。
處女座的人看似很龜毛，但公園多了幾棵樹，他不可能會發現。
天秤座的人看似很冷靜，但爬山的時候被猴子追，一樣會喊「塊陶」。
天蠍座的人看似愛記仇，但酒喝多了，一樣什麼都不記得。
射手座的人看似很粗心，但泡溫泉時還是會記得脫衣服。
摩羯座的人看似工作狂，但工作太累時還是需要點休閒娛樂。
不管你是哪一個星座的人，你都渴望在上班上學以外的日子，擁有自己可以任意支配、自由自在的休閒時光吧！

不管你是喜歡宅在家追劇、打電動、在陽臺把玩多肉的室內型貴族，還是熱愛在大街小巷裡尋尋覓覓進行美食考察的舌尖派人類學家；又或是說走就走，登山、露營、溯溪……的平民版極限體能王。

你知道臺灣人是什麼時候開始擁有休閒時光，懂得享受生活，不再把日子過成工作的奴隸嗎？

就是日治時期啦！在日本統治臺灣後，總督府將星期制引進臺灣，規定星期日為例假日！一週就是有那麼一天，一定要放假！給我休息，其餘免談。除此之外，每年還訂有十三天的國定假日，政府機構、學校單位、公司、工廠均需依照上述規定頒布作息規定。

哇嗚！奇怪的知識增加了～～～原來每七天就可以休息一天！星期制的名字不叫哥倫布，但臺灣人彷彿看見了新大陸！以前日出而作，日落而息，我們的日子隨著太陽東昇西落，每個有光的時刻永遠忙得團團轉。第一次，有那麼一天，是全然屬於自己的。每個禮拜，都有那麼一天，可以不再受限於太陽的軌跡，完完全全可以照自己的心意安排。那麼，你要做什麼？你想去哪裡？你想和誰在一起？

為了回應臺灣人新生的固定假日休閒需求，臺灣歷史上的第一座公園、第一間電影院、第一座棒球場、第一座高爾夫球場、第一座海水浴場、第一座動物園、第一家咖啡廳、第一家溫泉旅館、第一家寫真館、第一家百貨公司，扣掉臺灣第一家鹽酥雞外，都是在日治時期出現的。

接下來，我們跟著百年前的臺灣人一起「粗乃玩」！我將為你整理日治時期休閒娛樂懶人包，人氣景點、美食、行程攻略一次打包！拜託你不要真的因為衝動，統統帶走。心動之餘，請記得現在已經是二十一世紀。

## 給不喜歡晒到太陽的你：室內型貴族

如果你假日不喜歡出門，你可能相對喜歡在家追劇、看小說、滑手機……可惜日治時代沒有Netflix、disney+，無法一個衝動訂閱下去，從此就有追不完的劇。

那麼，沒劇可看、沒手機可滑的臺灣宅宅先祖們，最喜歡待在家裡做什麼呢？

答案是「打麻雀」。麻雀就是麻將，打麻雀就是打麻將。

根據當時的報導，全民瘋麻雀的狀況大概在一九二〇年代形成：「麻雀在日本內地流行已是兩、三年前的事了。最近，從去年（一九二四年）開始，臺灣也開始沸沸騰騰地流行起來。這段期間，來往於內臺間的郵輪、商船的定期航程上，都備有麻雀牌，以解消旅人航海中的寂寥。」[15]

臺灣人當時到底有多愛打麻將呢？

臺南的吳新榮醫生（1907-1967），愛打麻將愛打到懷疑自己的日記最後可能會變成麻將日記，麻將幾乎就是他社交生活的一切。他自己曾說：「一切的交友，都是始於麻將，終於麻將。」他想戒掉麻將，但又手癢，就在日記裡碎念朋友是壞朋友：「昨夜，郭水潭、楊財寶、楊彰他等惡友們又來訪了。正好陳穿、楊萬壽兩位也來了，就一起到富士閣吃晚餐。回家後，和這些惡友打麻將，一直打到天亮。」[16]

文協的重要幹部葉榮鐘（1900-1978），也酷愛打麻將。他打到無法自拔，想戒又戒不掉，只好在日記裡自暴自棄寫道：「昨夜和景寮君等打了一夜麻雀，累得心身疲倦非常，真是荒唐之至，這樣的惡習慣非早一日改掉不可。但是至今幾番欲改而改不掉，可見我的薄志弱行太不像樣了。」[17]壞習慣真的很難改對不對？即使是知名的社會運動家也克制不住自己的癮頭，嗚嗚嗚……小丑竟是我自己。

社會運動者沉迷於麻將真的很毋湯，一方面打著打著，眾人就像忘了時間的鐘，不知不覺熬夜通宵，體力精神都在槓、聽牌、胡了之中浪費掉，還怎麼拯救國家和社會？另一方面，打麻將很容易小賭怡情，大賭移民，移民巷口公園或移民歐美只在一瞬間，常常搞到最後賠了荷包又傷感情。於是一九二九年《臺灣民報》就報導：臺灣民眾黨臺北支部召開臨時委員會，議決事項為：「禁止該支部黨員打麻雀。」不僅黨員自己以身作則先禁止打麻將，他們還祭出了用「三圓」[18]收購麻將牌的利誘手段，鼓勵全臺民眾放下手邊的麻將：麻將交出來，現金送給你！

## 給喜歡享受美食的你：舌尖派人類學家

讓我們把麻將交出去，換點現金去吃吃喝喝吧！平常工作那麼辛苦，假日是該去吃點好料的！

該吃什麼才好呢？是要參考Google評論，還是要看一下美食部落客的食記？或是直接照著米其林指南、必比登推薦清單吃一輪？身為臺南人，我會告訴你：「都不用，我家巷口海放！」不過，我家那神祕的巷口，只有臺南人才知道的應許之地，我是不會輕易告訴你的。

我只能提醒你，臺灣人在日治時代的飲食選擇更多元了！既然統治者都換日本人了，日本料理的引進與流行也是自然的事。

如果你想吃當年最高級的日式料理，我會介紹你這間料亭：「梅屋敷」，它位於臺北市中山北路上，一九〇五年開張，擁有廣闊的日式庭園，提供豪華的會席料理，是達官顯要招待親朋好友、重要貴賓的最佳選擇之一。

一九〇八年，臺灣巨紳辜顯榮因獲得天皇授勳，在梅屋敷大宴賓客，並利用庭園召開園遊會，邀請當時的臺灣總督及重要仕紳赴宴，總共招待了七百位貴賓耶！中華民國國父孫中山來臺募款遊說時，也曾經在這裡下榻用餐喔！真的是有頭有臉的人物才去得起的地方呢！

老師，所以我吃不起呀，有沒有平民一點的選擇啊？

有有有，你可以去「喫茶店」或「珈琲店」。簡單來說，這兩種店家的差異，在於你有沒有年滿十八歲。「喫茶店」不提供酒精飲料，僅僅提供茶、咖啡、汽水等軟性飲料，以及輕食餐點，像是今天的星巴克、路易莎；「珈琲店」則是提供各種酒類，而且有女侍在旁服務陪聊，比較像是今天成人的應酬場合、夜店酒吧。

二二八事件的爆發點「天馬茶房」，在蒙上歷史陰影前，就是一家屬於「喫茶店」性質的下午茶館。當時的知識分子跟現代文青很像，喝上一口咖啡，醇厚的香氣，帶點患得患失的陰沉；餘韻的甘甜，則藏著憂國憂民的苦澀。這裡十分適合點杯咖啡，高談闊論國家社會的核心議題，因而成為文人雅士最愛聚會的場所。

「珈琲店」則是有酒有妹子，這裡的氛圍多了一點迷離微醺，柔情繾綣。除了有開放式空間，更提供隱密的包廂隔間。店內有著衣著性感的女侍來回穿梭，配上搖擺呢喃的爵士樂，再喝下一口濃醇的酒精，讓人有點醉、有點High、有點危險、有點墮落。若是一不小心擦槍走火，警察就來取締了。

作為一個教育工作者，我可不能有前科！快走，不可以再待在珈琲店了啦！

還是回到小清新一點的場所吧！

作為大糖民族臺南人，我豈能不介紹甜點店！日治時期在南部地區出現了許多日本人經營的甜點店，以販賣和菓子為主，你可以在店裡買到羊羹、麻糬、饅頭（豆沙餅）、赤飯（紅豆糯米飯），以及現做的今川燒。

日治時期位於臺南末廣町的林百貨(左)與日本勸業銀行臺南支店(右)。林百貨為臺灣第二間百貨公司，第一間為位於臺北市的菊元百貨。（出處：維基百科）

由於今川燒是現場製作的甜點，客人點單後，就在一旁看著老闆怎麼手把手做出成品來。

我們推測，或許是臺灣人從旁觀看，再稍加請教，就把這個技術學了起來，變成今天臺灣人的平民甜點，南部人稱「紅豆餅」，北部人稱「車輪餅」。以前念大學的時候，北部的朋友曾經嫌棄過我們的「紅豆餅」稱呼，「欸～你們這樣，怎麼點奶油口味啦！」

啊～就奶油口味的紅豆餅呀，有這麼難嗎？

不只今川燒進化成紅豆餅，許多

和菓子店，即便老闆是日本人，來到臺灣也嘗試運用在地食材，開發出南國風味的熱帶和菓子。例如日治時期臺南市區最有名的糕點店「紅葉軒」，就推出了芒果羊羹、旺梨飴（鳳梨做的），由於風味特殊，因此獲得了一九〇七年東京勸業博覽會甜點類大賞呢！另外，「美陽軒」則有文旦羊羹、「一二軒」有烏龍最中。這些臺灣限定口味，光是想像就讓人口水直流啊！

## 給熱愛大自然的你：平民版極限體能王

再吃下去會肥，於是我們需要去散散步、流流汗，消耗一下熱量，那麼先去附近公園走走吧！

鄉民說，有些政治人物很會蓋公園，到處蓋公園。但清代的鄉民絕對不會懂什麼是「公園」。因為公園可是日治時期才出現的城市規劃，這是日本人從歐洲引進的概念：一個進步的城市必須有公園，公園象徵著一個城市的健康與美麗。有了公園，市民們就有了休息放鬆的場所；有了公園，城市就多了綠意與新鮮的空氣。

所以，日本人在臺灣統治五十年，為了證明自己能為殖民地帶來進步與現代化，真的是拚命蓋公園！全臺灣至少蓋了三十五座公園與兩座森林公園。

講到這邊，如果你腦海中浮現的「公園」，是你家附近的那一小塊草皮，有著幾棵樹，兒童在那裡滑著溜滑梯、阿北踩著滑步機的那種公園，那就大錯特錯了。

日本人在臺灣設置的「公園」，是一個結合都市計畫，範圍廣大，含多項設施的完善園區。公園裡面不僅有基本的綠地造景，還可能會有博物館、音樂堂、運動場、紀念雕像、動物園、廣播放送亭等設施。

如果你是臺北人，看我上面的敘述，應該會很自然地想到二二八和平公園的樣子。沒錯，它的前身正是在一九〇八年完工，占地七公頃多的臺北新公園。

高雄的壽山紀念公園，則是請到有著「日本公園之父」美譽的本多靜六博士參與。他曾參與東京明治神宮的設計，一九二三年開始在壽山進行實地調查與設計規劃。本多靜六的計畫十分龐大，不僅要以壽山的山林資源打造一座自然公園，還要結合附近的名勝古蹟，做成一座複合式巨無霸公園。這個計畫最終在一九三四年完工，完成了一個包含壽山森林公園、高雄神社、西子灣海水浴場、高爾夫球場等設施的超大型休閒遊憩區。

這種公園，晚餐飯後千萬不能去走一圈，回到家的時候，可能天都快亮了！

若你還是覺得公園對你來說真是 A piece of cake，你渴望的是更硬派寫實的挑戰，那就是登山了！

說到登山，臺灣人一直都很愛，百岳峰頂上有著一堆網美穿比基尼拿國旗的打卡照！我雖然沒能耐穿比基尼，百岳也爬不動幾座，依然喜歡到山上透透氣，享受那爬到鐵腿痛並快樂著的折磨。

其實，日本統治臺灣後，一開始的登山行動，比較像是學術調查、軍事探勘，是為了掌握「蕃地」而出發，帶著濃厚的殖民色彩。但由於「理蕃」事業的大力推動，日本疏通、開發了許多條登山道路，並壓制、撫順了絕大部分的原住民部落，過去前往深山路途艱苦又深怕被生蕃出草的恐懼感已漸消失。加上沿途的道路陸續修建完善，休息站一個個陸續蓋起來！例如爬玉山一定要住的排雲山莊，正是過去為了防範原住民而建造的「新高下駐在所」，本來是高山警備員的宿舍，後來失去了防衛的功能，搖身一變，就成了登山者宿營的最佳去處。登山開始不再是一種讓人膽顫心驚的冒險行為，而是連婦女、學童都想挑戰嘗試的休閒活動。甚至，還有協會推出套裝行程供遊客選擇。

例如，最熱門的路線：爬新高山，費用三十一圓。

臺北（夜行）－嘉義－（宿）阿里山－兒玉山（以上汽車）－（宿）塔塔加鹿林山莊－（宿）新高下駐在所（排雲山莊）－新高頂上（玉山攻頂）－（宿）八通關駐在所－東埔（以上徒步）－水裡坑（以上臺車）－（宿）臺中－臺北（以上汽車）

有人說：臺灣人必做三件事，喝珍奶、逛夜市、買鹽酥雞。

不對啦！是「爬玉山，橫渡日月潭、單車環島」，其中，爬玉山從以前就很夯。一九二一年，新高山，也就是玉山，整整一年僅有二十七名登山客。到了一九三六年，年還沒過完，光是到該年九月截止，就有四千八百九十七人的登山紀錄。可見登山活動越來越火熱，到了二次大戰開打後，戰火延燒中的一九四一年，全年也有一千七百五十七人前往攀登。

由於登山活動的熱門，帶動了登山用品店的興盛，在當時的報紙、旅遊雜誌皆可看見登山用品店的廣告。那個年代的臺灣人就已經是裝備控，山都還沒爬，登山鞋、登山背包、登山炊具、登山水壺、帳篷先大買特買，臺灣第一家百貨公司菊元

（台灣八景ノ一）阿里山ヨリ新高山ヲ望ム　新高山頂迄七里
150. DISTANT VIEW OF MT. NIITAKA FROM MT. ARI. FORMOSA.

從阿里山遠望新高山（今玉山）的明信片。（出處：維基百科）

百貨的二樓就有專門賣登山用品的區域。

這樣花錢好嗎？這樣一直玩一直玩好嗎？

儒家文化提醒大家：「業精於勤荒於嬉。」以前的人們，多少會覺得休息有種罪惡感，但在日治時代，統治者引入了星期制的固定休假，也帶來了休閒娛樂的現代生活觀，我們開始發現「娛樂」對於生活的必要性！

《臺灣民報》曾特別撰文寫道：「凡培養身心，像那強健筋骨、發達神經、涵養德性、發展智識，都可以說是娛樂的……就是連休息、遊戲也含在裡頭，娛樂是人類的天性，生存上的要素。」[19]

所以，盡量享受休閒時刻吧，那麼我介紹了這麼多日治時代的休閒娛樂，你最想嘗試的是？

一、跟吳新榮醫生打麻將

二、品嘗紅葉軒的芒果羊羹

三、到壽山紀念公園看猴子

四、來一趟新高山攻頂之旅

五、珈琲店的女侍

如果你選到五，肯定是對生活有什麼誤解吧？

15《臺灣日日新報》，一九二五年三月二十四日。

16《吳新榮日記全集》，一九四〇年三月八日。

17《葉榮鐘日記》，一九三二年六月十七日。

18 當時公學校的老師月薪大約十五到二十圓，一套三件式西裝大約二十到五十圓。

19《臺灣民報》125 號，一九二六年十月。

第十二篇

# 按讚訂閱開啟小鈴鐺——臺灣文化協會

世界就和平　我等一舉天下利
豈可自暴棄　但願最後完使命
樂為世界人　世界人類萬萬歲
臺灣名譽馨

——蔣渭水，臺灣文化協會會歌

第一次世界大戰期間，美國總統威爾遜（Thomas Woodrow Wilson, 1856-1924），提倡「民族自決」（Self-Determination）概念，這意味著每一個民族都擁有可以掌握自己未來的權利，可以尋求建立屬於自己獨有的政治地位。

「民族自決」的概念，也許帶著太多理想主義的朦朧柔焦，但是透過威爾遜在美國國會的宣揚，以及戰後巴黎和會上的大力推播，整個世界因此傳得沸沸揚揚。我們永遠都不能小看「美國總統」這個角色的發言權，在全世界能贏得多少影響力！威爾遜的主張，恰如給了全球正在受壓迫的殖民地人民一針興奮劑。不管他們到底有沒有確實理解威爾遜在說什麼？也不管民族自決到底怎樣才能自決？「我好興奮呀！」原來我們可以做自己的主人！原來我們值得擁有屬於自己的命運。地球上各個帝國的殖民地，或遭到帝國侵略的弱小國家們，開始紛紛抱著「民族自決」主張，企圖為自己的命運打破現狀，爭取出口！這其中就包括臺灣。

## 臺灣是臺灣人的臺灣

「我等絕不能悠悠閒閒，終作立於無能力者之地位也，臺灣乃帝國之臺灣，同時亦為我等臺灣人之臺灣。」——一九二〇年，蔡培火，〈我島と我等〉，《臺灣青年》

臺灣不是大日本帝國的臺灣，也不是總督府的臺灣，臺灣非是臺灣人的臺灣不可（臺灣は臺灣人の臺灣ならざるべからず），這段看似 **Rap** 的話，不是大嘻哈時代的節目內容，而是一九二〇年代開始，許多臺灣知識分子用力呼喊的口號。

但是我常跟學生說，你想成為自己的主人，你想為自己的未來做每個決定。但你真的可以嗎？你有足夠的知識理解前方的選項嗎？你有足夠的視野看到最大的機會與選擇嗎？你有足夠的智慧判斷不同選擇帶來的可能性嗎？你有足夠的能耐得以承擔下了決定所帶來的後果嗎？

無知的人不適合做決定，沒有能力的人即使做了決定也缺乏能力負責。一九二○年代的臺灣人真的可以擔負起自己的未來嗎？

當時有一位蔣渭水醫師，很認真地為臺灣進行診斷與評估。在他的細心看診後，臺灣現在的狀況似乎不太好：「道德敗壞、人心刻薄、物質欲望強烈、缺乏精神生活、風俗醜態、迷信很深、深思不遠、缺乏衛生、墮落怠惰、腐敗、卑屈、怠慢、只會爭眼前小利益、智力淺薄、不知立永久大計、虛榮、恬不知恥、四肢倦怠、惰氣滿滿，意氣消沉、完全無朝氣。」

看了蔣渭水醫師的記錄，有沒有很害怕從裡面看到自己。當時臺灣人的狀況好像不只是不太好，應該是整組壞光光了。世界文化的低能兒確診，智識營養不良症確診！全部PCR陽性！還有救嗎？還是後事趕快準備起來？醫師！該怎麼辦才好啦？

還有救，以下藥方請同時使用，並持續服用二十年，就能根治。

「正規學校教育極量／補習教育極量／進幼兒園極量／設圖書館極量／讀報社

極量。」

這位蔣渭水醫師是誰呢？他是宜蘭人，爸爸在宜蘭城隍廟替人算命，從小跟著爸爸在廟口長大的蔣渭水對民間信仰非常熟悉，自己也曾經當過乩童，讓民眾問事解惑。

然而，神明是萬能的存在嗎？從扶乩的經驗中，蔣渭水體認到不是每個問題都能獲得準確的答案，他開始有些迷惘。凡事都得仰賴神明來解惑嗎？我們生而為人，難道不能運用自己的智識嘗試解答嗎？

如果要發展人類的智識功能，那最有效的方式就是教育了。蔣渭水的爸爸有著對於漢文化傳統的堅持，不讓蔣渭水接受殖民政府提供的新式教育，堅持將他送往私塾上課，接受四書五經的薰陶。直到十七歲，蔣渭水才進到宜蘭公學校就讀。正常而言，公學校只收八歲以上、十四歲以下的臺籍兒童，而且要讀六年。

不過，蔣渭水作為一個超齡就讀的學生，資質又好，只讀了兩年，就考上臺灣總督府醫學校（臺大醫學院前身）。學霸蔣渭水進入醫學校的表現也讓同學印象深刻。根據他當時的同學描述：蔣渭水的成績好，人緣好，每次選什麼小組長、班代，總是大家的第一首選！非常有領導魅力！

就是這樣的一個蔣渭水，揪朋引伴，憑著一股信念與熱血，在一九二一年十月十七日創立了「臺灣文化協會」。這位醫師，不只想要醫治病患，更期待能夠診治整個臺灣的病痛。我們前面所介紹到關於臺灣的病情與處方，就是出現在臺灣文化協會第一期《會報》上，蔣渭水所發表的〈臨床講義——關於名為臺灣的病人〉一文。

臺灣文化協會（簡稱文協），對於蔣渭水來說就是一個「專門講究並施行原因療法的機關」，成立後最重要的工作，就是透過各式各樣的活動，讓臺灣人服下知識的保健營養品。

## 給臺灣人吃的知識維他命ABCDE

### 讀報社

在那個沒有網路與智慧型手機的年代，書報雜誌是一般民眾接受知識與資訊的重要管道。其中報紙可以讓他們了解最新的時事新聞，掌握各種政治、經濟、社會事件；報紙也會呈現出不同的政治觀點、論述角度，透過閱讀報紙可以從中了解不同的立場想法，擴展他們的格局視野與思考觀點。於是文協在臺灣各地陸續成立了共十三間讀報社。

你可以把讀報社想像成是一個小型的社區圖書館，裡面會擺放各種書刊雜誌，蒐集了臺灣、日本以及當時的中國出版品，讓民眾可以盡情地翻閱瀏覽。例如像臺南讀報社裡面就備有《島內三新聞》、《大阪朝日》、《福音新報》、《臺灣時報》、《上海申報》、《東方雜誌》、《青年進步》、《臺灣民報》、《科學智識》、《教育雜誌》、《小說世界》超過十種以上的書報供人閱讀比較。

週刊
臺灣民報
昭和二年五月十五日發行
第一百五十七號目錄

《臺灣民報》第 157 號，1927.5.15 發行。（出處：維基百科）

你可能會想說，在那個年代，臺灣島上有識字能力的民眾應該不多，就算蒐集了一堆書報雜誌也沒幾個人看得懂吧！所以呢，文協非常貼心，每個讀報社都設有專人朗讀！不只為你朗讀，還為你分析，為你解釋。並且經常辦理小型的講座，歡迎社區民眾一起來聽講。

## 講演會

你說我懶得去讀報社看報紙，聽演講，那也沒關係。文協是一個動靜自如的組織，你不走進來聽，我就走出去講給你聽。文協在各個地方積極舉辦五花八門的講演會活動，地點主要挑選各地香火鼎盛的宮廟廣場舉行，那是地方上的阿公阿媽、叔伯姑嬸經常出沒的地點，無時無刻都是人來人往！講演場次的密集度也很高，例如像文協的重要幹部，出身鹿港的詩人、記者葉榮鐘先生，一九二五年這五天，就必須跑三個地方，準備四場演講。

一九二五年六月十七日〈薄冰上之經濟生活〉，清水。

一九二五年六月十八日〈咱是立憲國家〉，南投街。

一九二五年六月二十日〈咱是立憲國家〉，清水。

一九二五年六月二十日〈現代生活之精神〉，梧棲媽祖廟。

而同一天的同一個地點，至少會安排四到五個人，負責不同的主題式演講。

你可能會說，老師，我看這個演講題目有點哈扣硬派啊！可是你要知道，這個宮廟廣場，一整天下來，各種階級各種身分的人進進出出，我人在廟口開講，你只要走過路過就很難錯過，管它什麼題目，統統不得不聽我講！

更何況，這種直接前進你家廟口的行動演講，實在太親民了！有如文青版的綜藝大集合！每次開講，主委不用加碼，就有數以千計的民眾湧進廣場，熱烈支持。葉榮鐘曾經回憶，他跟林獻堂等人當年要去大甲鎮瀾宮講演時：「一行人到時迎炮三發，爆竹聲喧，有迎旗樂隊為先導，街內一巡，沿途家家戶戶都放大炮小炮聲聲衝天，以表歡迎之意。」葉榮鐘誇張地形容，民眾歡迎他們到來的盛情彷彿跟「迎媽祖」一樣。

當時的講者被稱為「辯士」。講演會的受歡迎程度，讓辯士成為SUPER STAR，辯士講到哪，就有追星族跟到哪。在高雄鳳山辦的講演會，會吸引從岡山、旗山、小港、林園、屏東的民眾專程來聽！

你想想，那個年代交通不便，沒有高速公路，街頭上更是沒幾輛汽車。大部分的人只能倚靠雙腳，或是一家數口駕著牛車緩步前來。這樣不辭勞苦的熱情，不見得是因為這些地方民眾真的聽得懂那些政治家鼓吹的話語或知識傳遞，那是為了什麼呢？

蔣渭水曾經說過：「同胞須團結，團結真有力！」或許我沒辦法理解那些辯士在講臺上滔滔不絕的內容。但在這裡，我和大家一起在這裡，我們這麼多臺灣人都一起站在這裡，光是這件事，就值得了！

藉由群眾聚集在一起達到精神共振情緒渲染，光是這件事，就讓我們覺得特別有力量，特別值得參與！根據統計，一九二五年，講演會最熱烈的這一年，在全臺灣各地所舉辦的講演會聽眾總計二十三萬多人次。這個數字，相當於阿妹在臺北小巨蛋開二十三場演唱會。

## 美臺團

看報紙、聽演講都需要一定的知識基礎，才能更有效的理解。於是文協為了讓幾乎沒有受過教育的民眾也能得到啟發，從日本買了十幾部影片以及一臺電影放映機。接著招募有受過教育的青年志工，有人負責機器的整理播放，有人負責擔任電影解說員，組成小隊，下鄉到中南部各地農村。透過電影播放，進行教育宣導，這個組織行動就是所謂的「美臺團」。

由於電影放映在當時是非常新奇的活動，透過布幕與放映機，居然能夠呈現出動態的影像！這種科學衝擊，只要極為低廉的入場費就能體驗（通常是五分或十錢），於是美臺團所到之處，民眾皆搶著入場，每次的放映現場都是人山人海。

哇！那片子一定很好看吧！是有什麼華麗特效的好萊塢大片嗎？這就千萬別誤會了。由於文協的立意基礎，是希望能夠透過影片來達到教育啟蒙的作用，所以他們買的影片都是一些具有社會教育意義的片子，其中包含了不少紀錄片，例如〈丹麥之農耕情況〉、〈北極動物之生態〉……而且當時的電影都是默片：只有影像，完全沒有聲音。所以你可以想像當解說員播放〈丹麥之農耕情況〉時，他可能必須一邊跟群眾介紹：「丹麥的大平原上充滿了各種令人驚奇的生物，為了更近距離地觀察牠們，我們設置了一隻間諜乳牛……」

好啦，這是不可能的事。因為美臺團放映電影時，會有警察在場監管。警察如果覺得解說員講什麼間諜乳牛，胡說八道，可以立刻提出抗議，對解說員的旁白加以干涉。而在那個時代，會觸動警察敏感神經的解說內容，通常是批評當時的殖民政府。

## 接軌世界的臺灣新媒體

一九二七年五月，霧峰林家三少爺，同時也是臺灣文化協會總理的林獻堂，從基隆出發，展開整整一年多的環球之旅。他到埃及看金字塔，接著從蘇伊士運河前往歐洲，漫遊英國、法國、德國，最後再前往美國，橫跨東岸跟西岸。他是臺灣環遊世界的第一人！

更酷的是，林獻堂在旅行當中將所見所聞寫成日記，一寫好就寄回來臺灣，發表在《臺灣民報》。隨著林獻堂下一站到哪裡，這個環球遊記的連載就到哪裡。於是，林獻堂的旅行不再是他一個人的旅行，他用他的腳步與視野，帶著全臺灣的人們一起去旅行！在那個沒有社群網站可以打卡發文的年代，即使身在臺灣，也能夠跟著林獻堂的實況轉播去認識世界，他用他的所見所聞，所思所想，陪著臺灣人們一起探索世界。

當來到面積僅僅只有二平方公里的摩納哥公國時，林獻堂感慨地寫下：「余觀摩納哥公國其人民之寡，其出產之稀微，竟能自理其國家弱勢，可見世界上沒有一個土地，沒有一個民族不可以獨立。」

那麼，臺灣呢？看著林獻堂的文字，你與他不在同一個地方，卻也能有共時性的感嘆：我們可不可以成為自己土地的主人呢？

媒體，指的是傳播知識與資訊的載體。在一九二〇年代的臺灣，看似遺落在世界主要的文明之外。然而，有一群知識分子非常起勁地將文協作為一個新媒體，導入世界的資訊，做知識的傳聲筒，希望帶領臺灣與世界文明接軌，也渴望臺灣有走入世界的機會。過程中的種種努力，讓臺灣人逐漸相信自己不只是一個小小的孤立的島民，不再自輕為一個卑微的低下的被殖民者。

文協的氣魄在於，他們不只相信臺灣是臺灣人的臺灣，更要求臺灣非得是世界的臺灣不可。我們現在知識落後了，文化落後了，作為殖民地的政治地位也落後了！可是我們要急起直追，我們要加入這個世界。我們相信這個世界絕不能缺少臺灣，臺

《臺灣民報》刊登林獻堂環球遊記，1929.01.01，10版。

灣人值得擁有同樣作為人類成員的權利：跟世界，跟人類一起並肩齊步，邁向未來！

很難想像在百年前，臺灣人就這麼具有世界觀！百年後的我們又怎麼可以小看自己的力量呢！蔣渭水曾這樣說道：「我要感謝神明，使我生為臺灣人，因為臺灣人把握世界和平的鎖鑰，世界和平的第一關門……由臺灣人行使這個使命，東洋和平才能確保，世界人類的幸福才能完成。」

你我的志向可能沒有蔣渭水這麼宏大，企圖想成就世界人類的幸福。但當你擁有更多知識的時候，你認為「知識」該是什麼呢？是用來追求分數的工具？是考試競爭的必備武器？還是可以向人炫耀的奢侈品？都不是，都不該是！從文協的歷史我們學到，知識可以幫助我們更有自信地做出正確的決定，知識可以放大我們得以行使夢想的權利！

漫畫《暗殺教室》：「去追趕自己心中理想的人，超越自己不認可的人，我想所謂的成長，就是不斷重複這些吧！」如果你很幸運地比別人得到了更多的知識，試著找到自己的使命吧！再怎麼絕望的沙漠，只要找到知識的水源，都有機會開出花朵。

第十三篇

# 天黑請閉眼，狼人請睜眼——戒嚴時代下的人們

天黑請閉眼，狼人請睜眼！狼人請互相確認彼此身分，並選定好今晚你們要殺的人是……

天亮了，請所有人睜眼！昨天晚上ＸＸＸ被殺了，接下來，請所有玩家依照順序發言，各自表達意見，是誰下的手？

每個狼人都會說自己不是狼人，是預言家、是平民、是女巫、是獵人……如果沒有人是狼人，那麼，為什麼每天晚上都出現新的受害者？在遊戲結束之前，假如我們可以查驗出狼人們的真實身分，讓所有狼人出局，就能獲得勝利；又或者，在每一回合的狼人殺中，村民一一死去，當好人都死光了，狼人陣營便會自動獲勝。

這是一個每天都有人莫名其妙消失的年代，也許他是真的死去了，也許你只想相信他不過是暫時失去聯絡了。但確實歷史上，很多人是再也沒有回來過了。

活在那個時代的你，可能扮演著女巫，你有著一瓶毒藥，可以毒死一些人；你也有著一瓶解藥，可以解救一些人；你也有可能成為禁言長老，讓某些人無法發言，失去為自己辯護的機會；或許你是個守衛，今晚選擇守護著自己與家人，但能守住幾個夜晚，你沒有多人把握。你們都渴望有個預言家能幫忙查驗彼此的真實身分，偏偏預言家往往就是那個一開始被殺死的人。

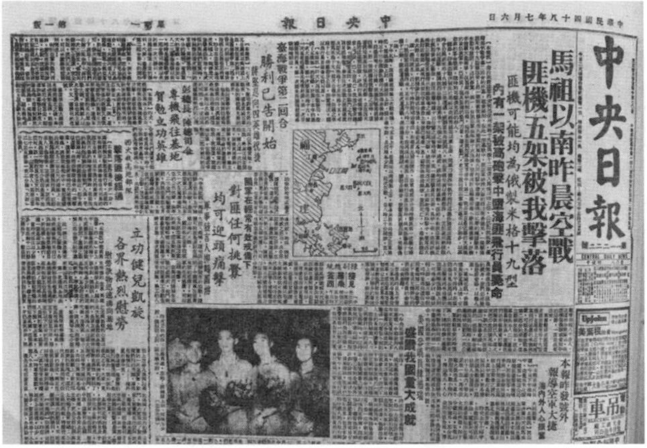
中華民國四十八年七月六日

中央日報

馬祖以南昨晨空戰 匪機五架被我擊落

匪機可能均為俄製米格十九型 內有一架被高砲擊中匪飛行員斃命

臺海戰爭第二回合 勝利已告開始

對匪任何挑釁 均可迎頭痛擊

立功健兒凱旋 各界熱烈慰勞

《中央日報》係為中國國民黨的黨營媒體，在戒嚴時期是重要的官方宣傳管道。民國 48 年 07.06，頭版。（建檔單位：連江縣政府文化處，取自於《國家文化記憶庫》）

這絕對不只是遊戲而已，爾虞我詐的生存之戰，曾經真實地發生在臺灣的過去。

當國共內戰打到後期，國民政府節節敗退，面對戰事的擴大，一九四八年，政府宣布凍結憲法，制定《動員戡亂臨時條款》，明顯將總統權力擴大，為獨裁統治提供合法的保障。不久後，中華民國政府撤退來臺，面對中共持續的武力進逼，一九四九年五月十九日起，臺灣實施全面戒嚴，從此大幅限縮人民權利，政府嚴密控制人民的思想與行為，用力輾壓任何的批評意見。

這是一個經常有人無辜被殺的時代，儘管你小心翼翼地生活著，儘管你大聲嚷嚷地辯駁著，這時代無法讓你天真地活著。

## 噓！有些書不可以看

讓我們回到那個噤聲的起點：一九四九年國共內戰輸得有夠難看，四年前中華民國政府才光榮贏得了第二次世界大戰，在首都南京代表同盟國陣營接受日本遞交降書！不過就四年而已，中華民國政府被共產黨陣營痛打爆擊，一口氣輸掉整個中國大陸，緊急撤退來到臺灣這個「暫時」的棲身之處。

為了防堵共產黨持續侵逼滲透，一九四九年五月十九日，臺灣省政府主席兼臺灣省警備總司令陳誠發布「戒字第一號」，公告隔日起全臺實施戒嚴，從此臺灣境內的最高司令官有執行下列事務的權力：「得停止集會結社及遊行請願，並取締言論講學新聞雜誌圖畫告白標語暨其他出版物之認為與軍事有妨害者。」「得拆閱郵信電報，必要時並得扣留或沒收之。」「戒嚴地域內，對於建築物船舶及認為情形可疑之住宅，得施行檢查。」……

也就是說，一九四九年五月二十日起，不是520我愛你，而是我是人，我乖，我閉嘴。

你說，快年底了，要不要揪朋友去看跨年演唱會？參加同志大遊行？戒嚴時代沒有這個可能，政府絕對不會允許成千上萬人的大型集會！萬一有共產黨混進來，一個煽風點火就成了大型民變多危險！

話不可以亂講，信不可以亂寫，不然你家隨時可能會有軍警特務闖進來，帶走你這個可疑分子！

連書都不可以亂看呢！過去的共產黨在中國大陸是怎麼發展起來的呢？他們時常舉辦讀書會，透過討論與發表的方式，吸收認同共產黨理念的新成員。

所以，為防止共產黨勢力在臺灣有任何滲透的可能。第一，極力杜絕反動書刊進入臺灣。一九四九年五月二十八日政府訂定「臺灣省戒嚴期間新聞雜誌圖書管理辦法」，嚴格審查臺灣新聞、雜誌、書籍的內容，並且對於各港口交通站，旅客所攜帶的印刷品皆實施嚴密的檢查制度。再者，絕對不准人們閱讀或討論政府所認為的髒東西。政府公布「反動思想書籍名稱一覽表」，只要列在上面的書籍名單，不小心翻閱了，跟朋友聊了一兩句，就算只是拿來墊便當都會出事啊！

老師，那什麼書在戒嚴時代不可以讀啊？

首先，我請你務必避開托爾斯泰、屠格涅夫、杜思妥也夫斯基……這些人的作品！你一定會覺得很奇怪！這些人物可是世界重量級的大文豪耶，經典文學的大師之作，為什麼要避開呢？是因為作品有點厚，拿來墊便當不太合適嗎？

是因為這些人都是俄羅斯人啦！俄羅斯是蘇聯的前身，全世界共產黨的娘家！大師的作品沒有錯，被查禁的是他們無辜的國籍。

再來呢，書名不太吉祥的，也盡量避開。例如：《失敗的失敗者》[20]、《流亡圖》[21]、《大江東去》[22]、《最後一年》[23]等書。

你說，這個政府輸掉國共內戰，真是失敗的失敗者！流亡到臺灣，整個運勢都大江東去了，在臺灣能撐多久呢？今年大概就是它的最後一年吧！欸欸欸～也太觸霉頭吧！我管你裡面寫什麼啊！統統不准看！只要你看了，就是意圖顛覆政府，這個罪名的結局便是唯一死刑。

然後，只要作者名字帶有「馬克」的，拜託統統丟掉最安全。德國社會學大師馬克斯・韋伯（Max Weber）的書丟掉！美國幽默大師馬克・吐溫（Mark Twain）的作品也丟掉！他們的作品同樣沒有錯，錯的是「馬克」這兩個字。你總該知道起草《共產黨宣言》的人叫做馬克思（Karl Marx,1818-1883）吧？

管它這些馬克們有沒有關係，只要查禁單位一口咬定馬克吐溫是馬克思的弟弟，馬克斯・韋伯就是馬克思的爸爸！你就是意圖顛覆政府，說什麼都沒有用。

說句實在話，在戒嚴時代，各種千奇百怪的禁書原因都有，臺灣警備總司令部有一百萬種讓書消失的理由！想要避免惹禍上身，最簡單的方法，就是只讀政府轄下的國立編譯館統一發行的教科書，只看當年的官媒代表《中央日報》所提供的新聞報導。你認識的世界越小就越安全，你思考的想法越趨近政府提供的觀點，就越有機會長命百歲。

而且，絕對不要以為你讀什麼書、你講什麼話，政府怎麼可能會知道？只要你身處在社會上，有著與人互動的機會，每個人、每雙眼睛就像是政府無孔不入的監視器！這是因為你的一舉一動，不僅攸關自身的安危，也攸關著旁人升官發財或難逃一劫的因緣。

「檢舉匪諜，人人有責」、「知匪不報，與匪同罪」，這些話語不只是口號，搭配當時的政府提供實質的優渥獎金或採用嚴厲的刑罰，成為每個人心裡過不去的魔障。

想像一下，坐你隔壁的同學，昨天書包裡好像帶了一本什麼馬克的作品，你瞄到一眼，看得不是很清楚，那麼到底該不該向老師報告呢？欸！只有我瞄到嗎？還是也有其他同學知道？如果我不講的話，到時候被抓到我知情不報，可能落了個顛覆國家罪名的唯一死刑，好害怕！還是先講先贏好了。如果到時候案子成立，隔壁同學確定是個匪諜，我不僅為國家立下大功，還會得到一大筆檢舉獎金呢！（匪諜的財產將統統沒收，繳回國庫，並提供其中的三〇%，作為檢舉人的獎金。）

這是考驗人性的時刻，請問，你會選擇告發還是什麼都不說？

而隔壁同學要被證實為匪諜容易嗎？戒嚴時代的疑似匪諜案將送交「軍事審判」處理。當時的軍審是沒有司法正義可言的！管你帶的是馬克思的《共產黨宣言》，還是馬克·吐溫的《湯姆歷險記》，我說你匪諜就匪諜！我巴不得趕快結案，再去處理下一個匪諜。除了檢舉人有獎金之外，辦案人員也有獎金啊！

我可能是個很正義的承辦人，為求懲奸除惡，過分積極地審辦各類匪諜案件。我也可能是個很愛錢的承辦人，所以我刑求，我逼供，只想要繼續獲得下一筆破案獎金。

反正，每個狼人都說自己不是狼人，每個罪犯也都說自己沒有犯罪！先刀一個是一個。

## 天黑請閉眼，誰在你身邊？

根據二〇〇七年七月十一日的行政院會資料：「法務部統計，戒嚴時期軍事法庭受理的政治案件達二萬九千四百〇七餘件，無辜受難者約達十四萬人……」然而，這數字只能參考而已。由於戒嚴時期的政治檔案尚未全部公開，至今我們仍然無法掌握確切的統計數字，無法了解有多少人在那個天黑的時代提早離開人間了。

我相信每一個案例背後的故事，沒有絕對的好人、壞人。回到那個歷史時刻，每個政治認同，可能都只是模模糊糊的想像；然而每個人性選擇，可能都帶著遍體鱗傷的掙扎。世上確實有善行或惡行，但別忘記，人只是人。

我只希望，每一個我們現在已掌握到的案例，都該是臺灣人前進未來時不可遺忘的記憶。

## 柯旗化（1929-2002）

柯旗化出生在高雄市左營區，他的媽媽是高雄旗山人，爸爸是臺南善化人。旗化這個名字，是用父母親出生地各取一個字，寓意著濃厚的鄉土情感。

他的成績優異，考上雄中，今天的臺師大英語系。畢業後的柯旗化回到高雄的學校教書，然而在他任教雄女期間，有一天深夜，特務人員直接衝進他家進行搜索，翻箱倒櫃找啊找的，翻出了一本《唯物辯證法》。唯物辯證法是什麼呢？是一種研究社會、歷史的哲學思考方法，由馬克思率先提出。唉，你懂的，有馬克就沒好事。柯旗化被政府當局認為「思想左傾」，需要再教育，於是一個雄女的英文老師就被送到綠島監獄關了一年八個月。

柯旗化編著《中學適用新英文法（修訂版）》。（出處：國立臺灣歷史博物館提供）

出獄後的他，依然努力生活，不僅結了婚，還開辦補習班、出版社，致力於投入英語教育的普及推廣。一九六〇年柯旗化更是出版了《新英文法》，這本書推出後熱銷，號稱英語學習的文法聖經，當時的中學生幾乎人手一本！

不過，柯旗化還沒有機緣看到文法書熱賣，厄運又降臨了。隔年政府再度逮捕柯旗化，這次不是因為在他家找到了什麼書，而是柯旗化的名字出事了！旗化呀旗化，你的名字在臭誰？是不是想要變化國旗呢？柯旗化的名字有罪！罪名是「預備叛亂罪」，他被判處十二年徒刑。

你不要覺得很荒唐。柯旗化就真的被關了十二年之久，刑滿時，政府又以「感訓」為由，多關了他三年。整整十六年的日子，柯旗化不僅失去自由，在獄中還一再遭到刑求、毆打，即便出獄後，他的全家老小也依然過著被特務監控、跟蹤的生活，這種身心靈的巨大折磨，苦的只有柯旗化一個人而已嗎？

柯旗化第二次被逮捕的時候，他的老婆蔡阿李親眼目睹先生被情治人員帶走，卻無能為力。當時他們結婚五年多，已有了三個幼小的子女。先生這次被帶走還回得來嗎？會被關多久呢？沒有答案，只能持續漫長的等待。

絕望自有絕望的力量，就像希望也有希望的無能。在無法預知盡頭的折磨下，蔡阿李靠著自己作為國小老師的微薄薪水，以及《新英文法》的出版銷售，咬緊牙關扛起一家生計，一個人撐了十六年。

蔡阿李無法向孩子訴說爸爸不在的真相，為了不讓孩子擔心，也為了想給孩子一個美好的童年回憶。她向孩子說，爸爸是因為去美國留學，所以不在家。但是，爸爸還是很關心你們的哦！每當聖誕節的時候，她總會特別到崛江商場買進口的立體卡片，假裝是柯旗化從美國寄回來給孩子的禮物。

藏不住的痛苦是傷痕，藏起來的痛苦是勳章。那是一個要忍著、熬著，不只為自己，也為家人辛苦活下來的年代。

## 郭慶（1921-1952）

郭慶，雲林崙背人。郭慶的父親早早離世，他與母親及四個兄弟姊妹相依為命。他就讀於今天的臺南大學，畢業後就分發到竹山國民學校（今南投縣竹山國小），二十八歲那年擔任了貓兒干國民學校（今雲林縣豐榮國小）的校長。

這位年輕有為的教育人士，不僅關心時政，擁有理想熱情，還確實行動。他在一九四八年加入雲林地下組織，在雲林崙背、莿桐一帶進行共產黨組織的工作推動，當上校長後，也時常在公開場合批評政府。他抨擊政府機關的貪汙現象，也批評教師省籍的分配不均。

是的，郭慶在那個年代的「犯罪事實」非常明確，他加入地下組織「從事宣傳匪黨主義，攻擊政府……」，一九五一年，郭慶被逮補，判處死刑，隔年執行槍決，結束了他三十一歲的人生。

郭慶死的那年，他的女兒素貞不到三歲，兒子志遠才一歲。

她的遺孀廖玉霞女士，在郭慶死後幾年，毅然決然地帶著兩個子女改嫁外省警察。她知道她的丈夫是政府的反抗者，但是她得要養大兩個小孩，把戶口上的紅字消除掉，讓他們在成長過程中不用受到侵擾。

廖玉霞從此不提往事，只希望孩子能平安長大。

很多年過去之後，郭慶的女兒郭素貞，從檔案管理局拿到當年郭慶臨死前寫給家屬們的遺書。才終於知道原來父親當年是有留下些什麼給他們的。

「一個人總是有一天要死的，請您們不要過分傷心吧！」

「祝健康、幸福！」

字數雖然不多，但將近六十年後，總算知道爸爸死前最掛念的是他們，最擔心的也還是他們。

如果是你，終於拿到這封遲到六十年，來自於即將行刑前的爸爸寫下的遺書，想跟在天之靈的爸爸說什麼呢？

在講這段戒嚴時代的歷史時，作為一個老師，我深深知道所有的憤怒、不安、難過、哀傷，都需要被化解。

只有知道真相，才有了與過去和解的勇氣與體諒。

所以，我發下學習單。我問學生：「如果你是素貞，如果你是志遠。六十年後，你終於懂那段歷史很多的無可奈何，爸爸是一個反抗者，但絕非你想得那樣奸邪叛國；六十年後，你終於知道其實爸爸並沒有對你們不聞不問，他在死前最掛念的就是你們和媽媽，他渴望你們過得健康、幸福。那麼，現在的你想跟他說什麼呢？」

「爸爸，我們被隱瞞多年。這六十年來，我們一直誤會著您，原來您一直掛念著我們。我們現在都過得很幸福，請不要擔心我們。」

「阿爸我愛您，您其實一直都是個好人，願您安息。」

「您在那裡過得好嗎？您不在的時候，全家都很想您。」

「謝謝你愛著我們，雖然過了六十年，但是你可以放下我們了，希望你與我們同在。」[24]

當我把作業收回來的時候，看著學生一張張的答案，忽然間，眼眶有點濕濕的。歷史不可以忘記，然而不管過去再黑暗、再痛苦，歷史始終是希望教人學會更溫柔地對待記憶。

20 一九五二年查禁字號卯齊新字0582：歐陽山《失敗的失敗者》，潮峰一九四八年九月。
21 一九五二年查禁字號安達0034：雷馬克，朱虔譯，《流亡圖》，一九四八年十二月。
22 一九五四年查禁字號安欽0585：張恨水《大江東去》南京新民報社一九四六年十二月。
23 一九五五年查禁字號安愈1038：陶菊隱《最後一年》中華書局一九四七年十一月。
24 郭慶的遺書內容來自於《無法送達的遺書：記那些在恐怖年代失落的人》，衛城出版，二〇一五年。這份作業後來藉由《無法送達的遺書》作者的聯繫，有轉達給郭慶的女兒郭素貞。再次感謝這份溫暖的連結。

# 第十四篇

# 我的邦交國不定時斷線無法聯絡，怎麼辦？——中華民國外交史

70、22、27、29、23、16……

老師，這是一個什麼神奇的數列？你是不是要我們找出其中的規律？

別衝動，我又不是數學老師。

這六個數字分別是某國在一九六九年、一九七九年、一九八九年、一九九九年、二〇〇九年、二〇一九年的邦交國數量啦。

注意看！這個國家太狠了！它的正式國名叫做中華民國，它只要一個不小心，邦交國數量就會直接崩下去！就算自己不出意外，邦交國也一直在出意外！接下來的幾分鐘，千萬別眨眼，看看它怎麼把邦交國變不見，數字可以年年都跳水，阿宅們憑實力單身，中華民國到底如何憑實力成為國際間最受矚目的邊緣人！

唉，我實在無法用解說電影的方式繼續把歷史講下去，還是回到正常的我好了！

一九六九年是中華民國邦交國數量的巔峰時刻，多達七十個。接下來我們的國際友人一個一個轉身離開，分手的話統統說得出來！

人家說人生就是起起落落，而我們的邦交國數量是起起落落落落落落落落！

截至我在寫這篇文章的時候（二〇二三年三月），目前我們的邦交國只剩十三個。這個數字到底是多還是少呢？人家常說沒有比較沒有傷害，讓我為大家介紹正常世界的邦交國數量究竟是什麼模樣？

目前，我們的隔壁鄰居中華人民共和國有一百八十一個邦交國；臺灣人最愛去旅行的日本，則在全球一百九十五個國家設有大使館。分裂的朝鮮半島上，南韓（大韓民國）已與一百九十一個國家建交；北韓（朝鮮民主主義人民共和國）則和世界上的一百五十六國擁有外交關係。

地球上有接近兩百個主權國家，正常國家的邦交國數量達到三位數是頗輕鬆的事。所以說，臺灣確實滿不正常的，邦交國數量可以長年維持在這麼低檔的數字，難道你不好奇到底發生了什麼事嗎？一切啊，還是得從一九四九年談起。

## 韓戰：反共的民主好朋友

一九四九年，對中華民國來說是不幸的一年，隨著國共內戰失敗，中華民國政府也失去了美國的支持與信任。

那一年八月，美國國務院發表了《中美關係白皮書》，美國政府在內容中明確表示：那個中華民國已經沒用了！國共內戰會輸成這樣，就是因為你們的政客太腐敗、軍隊太無能！你自己的爛攤子你自己收拾，我美國不想插手你們中國的家務事！

隔年一月，美國杜魯門總統召開記者會，再次公開宣稱美國：「無意介入中國的內戰」，並且清楚表明：「不再提供任何軍援或建議給臺灣。」

對於取得中國大陸新成立的中共政權，美國倒是有一些期待。美國不少官員認為中共跟蘇聯的本質不一樣。中共肯定沒有蘇聯那麼瘋，如果好好加以安撫，說不定能成為冷戰時期幫助美國圍堵蘇聯的東亞好幫手！

但是，美國這樣想就大錯特錯了！

蘇聯可是中共得以順利建黨、建國的師傅呢！當中共建國後，就立刻喊出「一邊倒」的口號，大方地向蘇聯告白：中共將堅定地一面倒向支持共產國家陣營的那一邊！中蘇雙方將是你儂我儂的盟友關係。一九五〇年二月十四日，就在情人節這一天，中共與蘇聯甜甜蜜蜜簽定了《中蘇友好同盟互助條約》，向全世界宣布兩國間永結同心的幸福關係！

這個動作同時在提醒美國：別想來蹭我剛建國的熱度，你美國前不久才大力援助國民黨打國共內戰耶！現在．給我．走開！

一九五〇年六月二十五日的凌晨四點，北韓朝鮮人民軍跨越北緯三十八度線南下入侵南韓，韓戰正式爆發。美國相信這背後絕對是蘇聯在主導！朝鮮半島是一個戰場，臺海即將可能成為第二個戰場。為了避免戰場越開越多，戰線越拉越長，兩天後，美國杜魯門總統旋即下令，派遣美國海軍第七艦隊協防臺灣！

原本被美國放棄的中華民國政府，因為韓戰的關係得救了！原本被美國無視的臺海關係，因為冷戰下的衝突再次被看重了！

隨後，中共派出軍隊協助北韓，打出「抗美援朝」的口號，與主力是美軍的聯合國部隊為敵，整整對峙三年的衝突，大幅加深美國對於中共的敵意。

因此，韓戰字面上看似朝鮮半島的內戰，卻深深影響了美、中、臺的三角關係。這一仗打下去，美國跟中共梁子結大了，此後的二十年，美國將中共視為有威脅性的敵人，凍結了與中共的外交互動，雙方保持距離且互相仇視。

而這一仗打下去，美國也下定決心必須在東亞嚴密部署，打造圍堵蘇聯——中共—北韓的防線。在整個環太平洋地區，美國與日本、南韓、臺灣、菲律賓、澳洲、紐西蘭陸續簽訂軍事合作的協防約定，中華民國這時再次取得跟美國當隊友的國際地位。

接下來的日子，只要美國堅決反共的每一天，臺灣皆享有「抗中保臺」的紅利！從一九五〇到一九六五年，美國對臺的經濟援助總額達到十五億美金。除了源源不絕的美援之外，臺灣這塊小島，亦成為反共前線的民主堡壘！有美國相挺，中華民國就是世界上唯一的「自由中國」；有美國相挺，中華民國就是聯合國唯一的「中國代表」。「反共復國」在這個時代不只是大內宣，同時也是大外宣，必須說給自己人聽，更要大力放送給國際知道！

這個時代，中華民國不怕沒朋友！全世界的國家，只要是美國的朋友，就可以是我國的朋友！只要美國依然是世界霸主，我們蹭著蹭著，就會自動有朋友。所謂的外交，就是鞏固好自己是美國隊友的金身！抱緊「反共」這塊神主牌，靠緊「美國」這位老大哥。

## 退出聯合國：以後別做朋友

外交界的經典名言：「沒有永遠的朋友，也沒有永遠的敵人：只有永遠的利益。」放在任何時代都非常貼切。曾經以為中共與蘇聯可以相知相守到天長地久，這對共產同路人，不只是吵架，還打起來了。

蘇聯跟中國的國界交壤處，有一條界河叫做烏蘇里江。這裡有一個小小小島，面積只有〇．七四平方公里，然而一九六九年這個小島的春天特別不平靜，蘇聯跟中國直接在這裡大幹一架！中方說：「這裡是我的珍寶島。」殺死了三十一名蘇聯邊防軍；蘇聯說：「才不是！這裡是我家的達曼斯基島（Damansky）。」蘇聯開始部署坦克，並用 **BM-21** 火箭轟炸中方陣地。

雙方發生了實際的武裝衝突，也撕裂了表面的和平共處。兩個共產巨人在珍寶島事件後正式鬧翻！中國指責蘇聯背叛了共產主義，蘇聯回嗆：「你才不懂共產主義咧！」

好啦！泱泱大國吵起架來也是跟小孩子沒兩樣。只不過，中國開始思考，蘇聯跟我們的國界線可是長達四千多公里啊！面對這個北方的巨無霸鄰居，我跟它翻臉了，接下來該如何自保呢？

正所謂敵人的敵人就是我的朋友！蘇聯在冷戰期間最大的敵人就是美國，所以跟蘇聯決裂後，中國的第一個選擇，當然是率先考慮跟美國交朋友。

從韓戰過後二十年，中共與美國之間彼此仇視，互不承認，幾乎沒有往來。但一九六九年後，雙方開始祕密接觸，彼此偷來暗去，有夠快樂！蘇聯那時不清楚中國已經開始向美國靠攏，臺灣也還在狀況外，不曉得美國跟中國的關係有如乾柴烈火，快速升溫。

一九七一年四月，中美的曖昧關係終於浮上檯面，中國主動遞出橄欖枝，友善地邀請美國的桌球隊訪問中國，而美國人還真的去了北京、上海比了兩場賽！這群桌球隊員與隨行的新聞記者成為自一九四九年中共建國以來，第一批獲准進入中國境內的美國人。

臺灣當局收到消息時完全傻眼貓咪！欸，阿共你怎麼會邀美國人去你家「怕周球」？美國隊長你又為什麼還真的去阿共家玩了？這不太對勁吧！

人家中美都已經暗通款曲了兩年，現在感情早就已經好到臺灣難以置信了啦！

同年七月，美國總統尼克森派了掌管美國國家安全事務的特助季辛吉祕密訪問中國，此時外交的逆風正式吹起！

一九七一年，從聯合國吹來的風特別冷，那一年的聯合國大會有兩個關於臺灣的重要提案即將被討論表決。

方案一，係由阿爾巴尼亞等國提案的「排中華民國納中國大陸」。這個提案簡單來說：就是中華民國out，中共in！提案主張，中華民國自從國共內戰失去中國大陸後，就已經無權擔任聯合國的「中國代表」了，應該排除中華民國在聯合國的資格，讓實質統治中國大陸的中共政權成為「中國代表」。

方案二，則是基於美國對中華民國的善意，美國提出「雙重代表權」。意思是聯合國可以有兩個中國代表，聯合國應該開放兩個中國的席次，讓中共與中華民國一起待在聯合國裡。

你可以看到，不管是哪一案，對中華民國來說都很尷尬！方案一，是直接被驅逐出場；方案二，是平常喊著反攻大陸消滅共匪的臺灣人，必須委屈自己承認中共是另一個中國。但無論如何，方案二還是比較好吧！你知道，我知道，其實中華民國也知道！

但現實就很殘酷啊！在投票前，外交攻防不斷！中共卯足全力催票，希望成功進入聯合國，並且讓中華民國徹底滾出去！中華民國也是盡了全力拉票、到處拜票，但當時我們重要的靠山美國隊長已經跟中國眉來眼去到全世界皆知。

在愛情的世界裡，不被愛的才是第三者；在外交的世界裡，不夠有力的就是出局者！共產中國不論土地、人口、經濟規模都遠大於小小的中華民國（臺灣），你覺得到最後聯合國的會員國們會怎麼投票呢？

投票前夕，我們的外交官員就大致掌握到局勢發展，這票真投下去，非常不妙！與其在現場狠狠地看自己被打臉，不如早點跟聯合國主動提分手！

於是，當時的蔣中正總統下了指示：

「在聯合國的奮鬥，如果失敗也要使成爲一光榮的失敗，而莫成爲恥辱的失敗……今日聯合國已無法律正義可言，已是一個骯髒場所，還有什麼值得留戀。此次聯合國大會中國代表權提案，無論是阿案還是美案，都違背了聯合國憲章，只是剝奪我國權利的程度不同而已……所以，若阿案提出表決前，在其表決前，我們應毅然聲明退會。

於美案表決時，我們也要投票反對或不參加投票，我現在以革命領導者的地位來決定這個問題，我們寧可放棄恥辱的席位，而保持國家的榮譽。」

投票當天，中華民國代表提早離席，並發出聲明「因為當前聯合國正籠罩在不理性的情緒與程序之下，中華民國代表團從現在開始，不再參與任何聯合國的會議。聯合國成立時的信念已遭背叛。」

隨後，大會以七十六票贊成、三十五票反對的結果，通過由阿爾巴尼亞等國的提案，中華人民共和國政府正式進入聯合國，成為「中國」席次的代表。

那一天過後，臺灣外交的日子就沒有好過。

一九七二年，我們退出聯合國的隔一年，長期以來在聯合國都是支持臺灣的日本竟然宣布與中華民國斷交。牆倒眾人推，鼓破萬人捶，接下來，陸陸續續不斷有邦交國宣布與我國斷交。我們的邦交國從六十幾個，下滑到五十幾個，接著剩四十幾個，又跌到三十幾個、二十幾個……你以為邦交國已經跌到不能再跌，即將觸底反彈了？唉，千萬別抄底啊，你以為已經跌到地板了，別忘記底下還有地獄呢！

一九七八年十二月十六日，美國總統卡特突襲宣布：自一九七九年一月一日起，

臺灣民眾抗議中美斷交。（授權人：收存系統。政府資料開放授權條款 - 第 1 版 (OGDL 1.0)。來源：https://cmsdb.culture.tw/object/040B5A9D-1B50-45F0-A566-FF3DD60CD85F ）

與中華人民共和國建交，與中華民國斷交！駐臺美軍將離開，臺北的駐美大使館也將關閉。

那為我對抗世界的決定呢？那曾經陪我淋的雨呢？請你明白，外交關係從來就沒有真心！當親密盟友用力地朝你開了一槍，在這聲巨響後，臺灣民眾被背叛的心痛渴望宣洩，即便當時仍處於戒嚴狀態，一群憤青依然湧上街頭遊行抗議，甚至向來臺協商斷交手續的美國代表團砸雞蛋，抒發內心滿腹的不爽。

然而，從這時候開始，臺灣

就該明白接下來的日子誰也不可靠。我們是注定得在夾縫中求生存的人，可別在外交上當個暈船仔！

## 務實外交下的恐怖情人

承認吧！韓戰過後，有一段時間，我們靠著美國的勢力在國際間吃香喝辣，排擠中共！中華民國是「一個中國」唯一的代名詞。

承認吧！當我們退出聯合國後，斷交開始沒完沒了，換對岸大聲，口口聲聲說世界上只有一個中國，臺灣是中華人民共和國神聖領土的一部分。

為什麼我們不大方承認，這幾十年來，其實你不屬於我，我也不屬於你呢？

自李登輝總統上臺後，我們開始推動「務實外交」的構想，臺灣必須承認我們沒有能力繼續跟中共在國際間玩「有你就沒有我」的零和遊戲。我們必須向世界表達，我們中華民國是一個主權獨立的國家，我尊重中共的存在，也拜託中共承認我的存在。

我們雙方可以好好對話，好好交流，也可以各憑本事，刷對外關係的存在感，憑藉自己的特色與實力，各自尋找國際的認同。

你很大，你好棒棒喲！我雖然小小的，但很可愛；我有雞排，有珍奶，還有很多晶片哦！

如果我們彼此願意雙重承認，那應該有機會各自安好吧！不需要為了彼此糾結，可以各自過著人人稱羨的生活。

但現實是，中共非常執著於「一個中國」的念想！沒有兩個中國的可能，也沒有一中一臺的可能。那就只能當作遇到恐怖情人吧！

以下是恐怖情人五大特徵：

一、控制欲強

二、疑神疑鬼

三、有暴力傾向

四、情緒大起大落

五、動不動就言語威脅

你覺得我們的鄰居中了哪幾樣？

如果你身邊有個恐怖情人，把你當成是他的所有物，每天都關心你在哪？吃飽沒？你要幹麼都得先問過他的意見，一下子不回 LINE 就抓狂。你的交友情況自然會被嚴密控制，你的朋友不定時斷線無法聯絡，一切也就說得通了。

只要有恐怖情人在旁，我們的外交困境依然會持續，我們的國際發展依然很艱鉅，我們唯一能做的就是好好保護自己！

別老是想著在國際關係上要依靠誰的保護！即便二〇二二年你可能跟我一樣，一路緊盯著時任美國眾議院議長的裴洛西（Nancy Pelosi）來臺動向，密切追蹤 SPAR19 專機的起降直播，為臺美關係的歷史性時刻感到興奮與感動。然而，歷史告訴我們，沒有永遠的朋友，只有永遠的利益；現實告訴我們，就算你多才多藝，很多時候，邦交只建立在多財多億！小國要生存，就要有自保的實力，並發展出無可取代的能力。

渴望外交自由的我們，必須自己擔負起最大的責任，因為從來就沒有不需要抵抗重力的飛翔。

第十五篇

# 成長沒有極限——戰後臺灣的經濟奇蹟

一九九二年《紐約時報》的一則新聞報導提到：「幾十年前，臺灣人民大多為農民，今日每人的年收入約為一萬美元，比西班牙與希臘更好，也遠遠高於波蘭、捷克或俄羅斯。即使現今國際成長趨緩，臺灣一年的經濟成長率仍是七%，失業率則穩定維持在一．四%。」

幾十年前的臺灣，真的窮！在農業社會的臺灣，一九五〇年人均所得只有九百一十六美元。然而，臺灣不曉得嗑了什麼經濟靈藥，發大財曾經不只是政治人物的口號，而是有憑有據的數字！根據世界銀行的資料，在一九六〇到一九八五年之間，全世界人均GDP成長最快速的經濟體，臺灣居然排名世界第二，每人GDP在這二十五年來增加了三百七〇%！只有非洲最大的鑽石生產國波扎那，靠著挖礦贏過我們。

明明臺灣也不是說有挖到黃金、吐出珍珠，卻能夠在一九六〇到一九八〇年代，從接近貧窮線下的生活搖身一變，成為臺灣錢淹腳目的寶島，以每年幾乎都能達到約百分之十的實質經濟成長率，一鼓作氣轉型為工業化國家，與香港、新加坡、南韓一同被西方世界認證為東亞的經濟奇蹟，並稱為「亞洲四小龍」。

這不只是東亞的經濟奇蹟，也是人類歷史上的經濟奇蹟。英國是全世界最早開始工業革命的國家，它從農業社會轉型到工業為主國家，花了上百年的時間！美國花了一百年，日本花了七十年，臺灣則僅僅用了二十幾年就飛速進化為新興工業化國家！驚人的是，通常在這種快速成長的情況下，很容易使得有錢人更有錢，窮人顯得更貧困；然而，臺灣的貧富差距卻沒有因此拉大。在一九六〇到一九八〇年代，臺灣前二〇%的富人收入平均為前二〇%窮人的五倍。千萬不要覺得五倍的數字很可怕，這已經是當時全球的最低比率之一，沒有國家達到四倍或四倍以下。

哇！生活在現在的我們一定覺得不可思議。臺灣難道不是一個年輕人不吃不喝工作二十年也買不起房子，去自助餐店不敢夾肉，買蔥油餅沒錢加蛋，吃布丁一定要記得要舔布丁蓋，貧富差距不斷擴大，窮人幾乎難以翻身，喊著「神啊！救救我的錢包啊~~~」的鬼島嗎？

也許歷史可以給現代的我們一點啟示，讓我們試著找出屬於臺灣的發財密碼！

## 一九五〇～一九六〇年代：美國爸爸不是叫假的

滅火器樂團有首歌叫做〈一九四五〉，歌詞寫道：「等和平慢慢靠岸 Tán hô-pîng bān-bān khò-huānn 等飛行機袂閣來 Tán pue-lîng-ki buē koh lâi」，這句歌詞沒有編造。在二戰後期，每個臺灣人心中都期盼美軍的飛機可不可以不要再來了？由於臺灣作為東亞地區的海空交通樞紐，是二戰期間日軍轟炸中國、東南亞戰場的關鍵後勤基地。一九四五年，美國第五航空隊被指派轟炸臺灣，總計對臺發動七千七百〇九架次的襲擊，投下一萬五千八百〇四噸的各式炸彈及六萬一千四百四十五加侖的汽油彈。

美軍出征，寸草不生！臺灣當時的最高行政機構：臺灣總督府（今總統府）正面遭到直接命中；高雄港附近的重要建築、設施幾乎全毀，完全喪失港口功能；日月潭水力發電所也受到嚴重破壞，導致臺灣損失六〇％的電力供應。在美軍對臺沒日沒夜的轟炸後，臺灣被炸得破破爛爛，重要建設毀了大半！當它回歸中華民國後，農工業的生產量跟日治時期比起來，明顯大幅下降！戰後的臺灣各項指數變得慘不忍睹，不僅物資缺乏、失業嚴重，財政更是面臨嚴重的赤字！

儘管美國曾經是臺灣人的噩夢，一九五〇年韓戰爆發後，美國又成了臺灣人最重要的仰賴。在韓戰開打後，臺灣立刻成為美國在東亞布局的反共最前線！作為冷戰時代民主聖地，從一九五〇到一九六五年，這十五年間，美國不僅提供軍用物資、武器設備的贈與，還會協助臺灣進行軍事人員的訓練。

另外，美國還加贈紅利點數，臺灣平均每年可以接受到來自美國約一億美元的經濟援助。以當時新臺幣對美元一比四十的匯率換算，等於每年臺灣從美國得到四十億新臺幣的贊助！這一聲美國爸爸，能不叫嗎？

而這每年大約四十億新臺幣的美援大禮包到底都有些什麼呢？讓我來為你開箱吧！

首先呢，美國的農業生產高度機械化，大面積高產量，可惜美國人自己就是吃不完！不過，沒關係，美國政府說你們盡量種，你們種多少我就買多少！不要怕，繼續種下去！在政策的保障下，美國農民有政府好安心！

那美國糧食過剩怎麼辦？沒關係啊，美國人到處推銷到處送，臺灣正是其中一站！反正臺灣現在悽慘落魄，當初我炸你個亂七八糟，現在我就多送你一些美國麵粉、奶粉、小麥、黃豆、棉花，請盡量吃，盡量用！

但臺灣人以米食為主，就算送我再多麵粉，我也吃不習慣啊！為此，政府跟美方代表組成一個「麵食推廣指導委員會」，他們巡迴全臺各地擺攤，舉辦教大家如何製作各種麵食的料理秀，標榜現場提供手工製作的饅頭、花捲、水餃、小籠包、蔥油餅，歡迎來試吃！

我們都懂，試吃就是關鍵字！只要聽到有試吃，所有路人立刻眼睛一亮，試吃越是大塊，排隊人數就能繞越大圈！大大提高民眾對於麵食的興趣。

另外，政府也不斷幫忙用力宣揚麵食營養價值優過稻米，喝牛奶有助於身體健康，吃麵包配牛奶就會頭好壯壯，長得跟美國人一樣高哦！不管你信了沒，在美國的免費贈送跟大力業配下，麵條、麵包、水餃、包子饅頭等麵食，在一九六〇年代後逐漸成為臺灣人的生活主食。

那麼，隱藏在飲食習慣改變下的發財密碼是什麼呢？其實是因為當時的白米在國際間價格大漲，而小麥卻便宜得要命。臺灣的優勢在於自己就是稻米的生產區，從荷蘭時代便有能力外銷稻米，而這時候，臺灣還有來自美國半買半相送的美援麵粉，所以政府鼓勵人民多吃麵食的潛臺詞其實是：「你們就盡量吃免錢的美援贈品吧！我們自己產的稻米，拜託多留些拿去出口賺外匯。」

而臺灣人勤儉持家的精神創造了無限可能，不僅透過瘋狂消耗麵粉將節省下來的稻米出口賺取第一桶金，為接下來的產業升級累積資本。就連麵粉袋都要物盡其用，由於袋子的材質是百分百的美國棉，柔軟舒適、透氣保暖，不僅適合裝麵粉，更適合裝臺灣孩童的嬌嫩小屁屁，稍微拿來重新車縫一下，就是一條好穿的兒童內褲了！

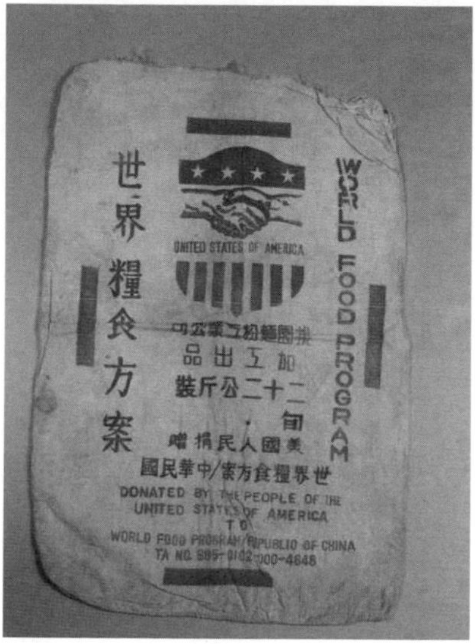


駱駝牌中美合作麵粉袋。（出處：國立臺灣歷史博物館提供）

不過，也因為印著中美合作的麵粉袋內褲太吸睛，導致很多人往往都忽略了，其實美援資金比例占最高的是對於臺灣基礎建設的投資。當時甚至有「美國出打馬膠

（柏油），臺灣出土腳（土地）」的俗諺，來形容美國在臺灣逢山開路、遇水架橋的強力支援。

例如：臺灣的東西橫貫公路，俗稱中橫，從臺中為起點，經谷關、梨山到大禹嶺後，沿立霧溪而下，經天祥到花蓮太魯閣的這段路，其實是一九五五年度軍援軍用道路計畫的一部分，由美援提供約八成的工程經費、核心技術人員及機具鋼材建材。

供應桃園、新北及新竹等地的用水，為北臺灣超過三百萬人提供水力發電及生活供水的石門水庫，亦有超過一半的建造經費來自美援，水庫的主體工程設計、施工、檢驗測試，也都是在美國顧問的幫忙下完成。

而跨越濁水溪，連結雲林與彰化的西螺大橋，曾經是臺灣鄉民遙不可及的夢想。日治時期起即有規劃且動工，然而受限於建築工法與經費，遲遲未能完成建設。不過，有美援就是安心。美國提供了鋼材做為後援，從美國製造的鋼架，千里迢迢運來臺灣，再送到西螺進行組裝，讓西螺大橋終於在一九五二年竣工！當時的西螺大橋可是僅次於美國舊金山金門大橋的世界第二大橋，也是那個年代全亞洲最長的橋梁！還有臺灣電力公司各地主要發電廠的興建，以及交通部電信總局各地的相關設

1953 年西螺大橋通車。（出處：維基百科）

備修護與擴充，皆或多或少得到美援的資助。

所以，美國爸爸還真的不是叫假的！

國共內戰後，當中華民國政府播遷臺灣，曾經一度風雨飄搖。面對海峽兩岸的緊張局勢，國防支出的壓力極大，可是島上的生產狀態又還沒從二戰後的損傷恢復過來，加上國共內戰牽動臺灣的惡性通貨膨脹，物價急速飆漲！

這時候，其實不用等中共打過來，臺灣亟需預立生前遺囑，只留著一口氣等待醫生開死亡證明了。然而，當美國爸爸的第七艦隊來了，軍援陸續到位，國防安全再也不用剉咧等，中華民國在臺灣開始有了足夠的底氣來跟對岸分庭抗禮。

經濟上的美援，則解決了臺灣物資缺乏的問題，有效穩定基本的民生需求。當老百姓吃飽穿暖後，心情自然好！比較不會有事沒事就想幹譙政府一頓！統治者自然更有空間去施展自己的政策。

基礎建設的大力援助，更是有助於島內民生需求及交通的完善，可以說沒有這些基礎建設，就不可能有後續臺灣工業化的可能。別人是站在巨人的肩膀上看得更高更遠，我們臺灣則是借助美國爸爸的大撒幣，把握機會發展得又快又穩！

## 一九六〇～一九八〇年代：坐穩啦，準備起飛了！

許過山盟海誓的感情都不見得能夠天長地久，更何況是美國爸爸的佛心贊助。我們要知道國際關係瞬息萬變，如果有一天美援「啪」，沒了！那臺灣該怎麼辦呢？於是一九六〇年，政府通過了《獎勵投資條例》，讓人民透過減免稅收、土地、貸款取得補貼，獎勵臺灣各項產業積極進行投資、出口外銷，希望可以加強臺灣產業轉型，盡快「登大人」，早一點自立自強。

超前部署有其必要，果然一九六五年美國爸爸就決定中止美援，讓臺灣自力更生，去面對自己的未來了！隔年，一九六六年政府宣布在高雄前鎮設置全世界第一個加工出口區。在園區裡，所有進口的原料、零件、機器設備統統免關稅，出口也不必辦退稅，行政程序非常簡便，福利又多！目的就是吸引外商來臺灣投資設廠。

這個創新之舉在第一年便吸引了美金一千五百萬元的投資。六十八公頃的加工出口園區在兩年內發展快速飽和，於是政府很快地又選了高雄楠梓與臺中潭子設置新的加工出口區，讓企業有地方可建廠。

作為一個歷史老師，我不知道房地產可不可以算是經濟的火車頭，但加工出口區肯定是臺灣經濟奇蹟的火車頭。當時在前鎮的加工出口區甫一設立，立刻吸引了大批廠商進駐，創造了四千多個就業機會，成功帶動臺灣的產業轉型，將附近鄉村過剩的農業勞力，打包更多新鮮的肝投入加工出口區的勞動生產。

高雄前鎮、楠梓、臺中潭子三地加工出口區的全盛時期，總勞動人口數超過九萬人，在下班的尖峰時刻，機車、腳踏車、大巴交通車將路面擠得水洩不通。不僅政府為此加開公車、火車、渡輪班次，廠商們還為了塞車問題，彼此協調，分梯次安排下班人數呢！那時候加工出口區不知道養活了多少戶人家！有機會問問你的阿公阿媽或爸爸媽媽，可能他們年輕的時候就是在加工出口區上班的。

園區裡頭工廠的主要產品包括衣服、鞋子、手錶、雨傘、玩具、電視機、電視遊樂器、收錄音機、照相機、各種電子零件等，這些東西皆由加工出口區生產製造，百分百 Made in Taiwan，再由高雄港出口銷往全世界！當年加工出口區的熱絡活力，讓 Made in Taiwan 拿過許多世界冠軍。臺灣製造的電風扇、自行車、網球拍、熱水瓶、縫紉機、鞋子、雨傘都是貨真價實的世界南波萬。

例如，一九八三年，臺灣共製造輸出了五・二億雙鞋子，可以說平均全球每九個人穿的新鞋，就有一雙是Made in Taiwan。而臺灣「雨傘王國」的美名更是連霸十多年！有位製傘業者曾說：「大約在八〇年代初期，我們所做的傘就已經散布在世界各個角落，每個外商都知道要向臺灣訂傘，不管訂單有多大，我們都有足夠的工廠與工人可以完成。」

一九九五年上映的電影《玩具總動員》裡，那個總是喊著飛向宇宙，浩瀚無垠的巴斯光年，一直以為自己是真實的太空騎警，直到他打開手臂上的語音盒，發現內蓋刻著「Made in Taiwan」字樣，才意識到自己只是量產玩具。在我們為巴斯光年感傷前，請先為臺灣喝采！因為這部電影的導演說過，他小時候的玩具幾乎都是Made in Taiwan，才特意在巴斯光年身上放上這個哏！

從一九六一到一九七二年，臺灣的出口金額從一．九億美元，成長至二九．九億美元，增加了十五倍！而這十二年期間，臺灣每年經濟成長率平均十．二％。（同場加映：二〇二二年臺灣經濟成長率為三．〇四％。）

儘管一九七〇年代之後，因為中東問題油價飆漲，分別發生了兩次能源危機。臺灣的經濟彈性都還算游刃有餘，可以透過適時地應變，化危機為轉機。

第一次能源危機時，政府下手展開十大建設，包括建立鋼鐵、石化、造船等重工業，並推動興建核能電廠、高速公路、國際機場、國際港口，以及鐵路電氣化等基本公共設施。藉由政府大量的公共支出，協助帶動景氣恢復，也打造出臺灣更完備的基礎建設。

第二次的能源危機，政府設置了新竹科學園區。一九八〇年竹科成立的宗旨在於為臺灣「引進高級技術工業及科學技術人才，以激勵國內工業技術之研究創新」。隨後就有護國神山台積電的成立入駐。也帶動臺灣的工業發展由勞力密集的輕工業逐漸轉型為技術密集的高科技產業，所有的加工出口區，亦在二〇二一年全數拆牌，更名為「科技產業園區」。

先前看到這個新聞的時候，內心有點感慨。「加工出口區」這五個字，對於一個歷史老師來說，不僅僅是一個經濟名詞，更是一段集體回憶的歷史。它曾見證著許多人的青春，它曾經撐起眾多臺灣中產家庭的生計，它曾經代表著 Made in Taiwan 的經濟奇蹟。「科技產業園區」也許聽起來比較前衛，卻少了許多時代的故事！

然而，我再怎麼感慨，也無法阻擋時代的前進，有些事永遠無法再回頭，縱然有著過去的榮光，也無法總是依賴過去的藥方。臺灣的生育率回不去了，不斷跌破地板新低，我們再也不可能回到勞力密集的產業。臺灣的投資環境也不再一枝獨秀，產業不斷外移出走，而薪水似乎永遠趕不上物價上漲的速度。儘管臺灣的產業仍然持續升級，科技不停進步，即便我們依然擁有許多漂亮的數據，卻都無法取代近幾年來老百姓切身體會的無力感。

當然，我不是懷憂喪志的人，我還是會期待臺灣經濟的每個階段都會有它的彩蛋，這顆彩蛋會孵出什麼新東西，我不知道。然而，我們的確需要一點時間去孵化它，反正歷史最後還是會告訴我們答案的。

第十六篇

# 誰也抓不住的流量密碼——當代社會文化的轉變

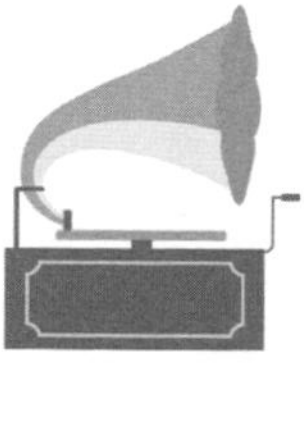

什麼時候會開始覺得自己老了？是去吃到飽時居然半個小時就失去戰力，開始滑手機打發時間？是週休假日竟然再也無法輕易地睡到中午？還是健康檢查的時候發現自己胖了十公斤？

近幾年來，每當要跨年的時候，我就特別容易覺得自己老了！不只是還沒到午夜十二點倒數五、四、三、二、一前，整個人就快要昏厥。更可怕的是，用遙控器轉著各台直播的跨年晚會，看著舞臺上陌生的歌手，唱著完全沒聽過的歌曲，我便會跟好友一起在LINE群組輪流刷著：「這誰啊？他在唱什麼？」「不知道！啊知！」

國外的音樂串流平臺Deezer在二〇一八年針對一千名英國人進行聆聽音樂的偏好調查。調查結果發現，最愛聽新歌的年齡層落在二十四歲，有七五%的人每星期會至少聽十首新歌。當年紀越來越大，到了三十歲左右的人會幾乎停止接收新歌，開始一遍又一遍反覆聽著相同的曲目，它們稱這個現象為「音樂癱瘓」。

難道去KTV永遠只能唱「終於看開愛回不來」的我，音樂癱瘓了嗎？心理學研究顯示：人們對於各種事物的偏好，從歌曲的聆聽習慣到閱讀小說的品味、選購牙膏的類型，皆早在青少年晚期或二十歲初期時便定型了。所以我沒有癱瘓！不愛新歌，其實不是指我們老了，只是我們喜歡的東西開始有了固定的模樣。而那個模樣，恰好可以反映出我們青春年少時世界正流行的風貌！

於是，告訴我一首你最喜歡的歌，說出一位你最欣賞的歌手，我就能大約猜出屬於你的時代密碼！

那些年，我們一起聽過的歌，一起追過的劇，一起買過的零食，一起看過的小說漫畫，是我們生活的一部分，也是屬於臺灣歷史的集體回憶。從戰後到當代臺灣，每個時代都有著獨特的軌跡，藏著不同世代族群的青春祕密。一轉眼，將近八十個年頭過去，到底時代的風曾經往哪個方向吹呢？我們一起回到過去看看吧！

## 做一個堂堂正正的中國人

二〇二二年八月五日，中國微博熱搜第一的話題是：＃地圖可顯示臺灣省每個街道。當時的中國網友像發現新大陸一樣，他們使用手機地圖 APP 搜索「臺灣省」，驚奇地發現臺灣省的街道名稱有很多熟悉的詞兒——洛陽街、漢口街、南京東路、重慶北路等。有網友直呼：「破防了，都是大陸城市的名字」、「每條都是灣灣回歸祖國的路」，還有網友留言：「天津有一條臺灣路，不知臺灣是不是也有一條天津路？」

兩天後，中國外交部發言人華春瑩在推特發文：「百度地圖顯示，臺北市共有山東餃子館三十八家，山西麵館六十七家。味覺不會欺騙。臺灣一直是中國的一部分。失散多年的孩子終將回家。」

看到這個新聞，當時我笑翻了！我看你們是完全不懂喔！好想要立刻註冊個微博、推特帳號上去留言：「我跟你們說：臺灣是沒有天津路啦！但是我們從北到南，有三條天津街！臺北、臺中、高雄各一條，我們比天津還天津啦！」「我跟你說啦，臺灣麥當勞有三百九十八家門市，味覺不會騙人！臺灣一直想申請成為美國的第五十一州，美國爸爸什麼時候能讓我們回家呢？」

我們要知道，臺灣不少城市的地名、路名，為什麼會比中國更中國呢？那是因為從二戰結束後，臺灣光復脫離日本殖民統治後，政府就一直有心地企圖讓臺灣在

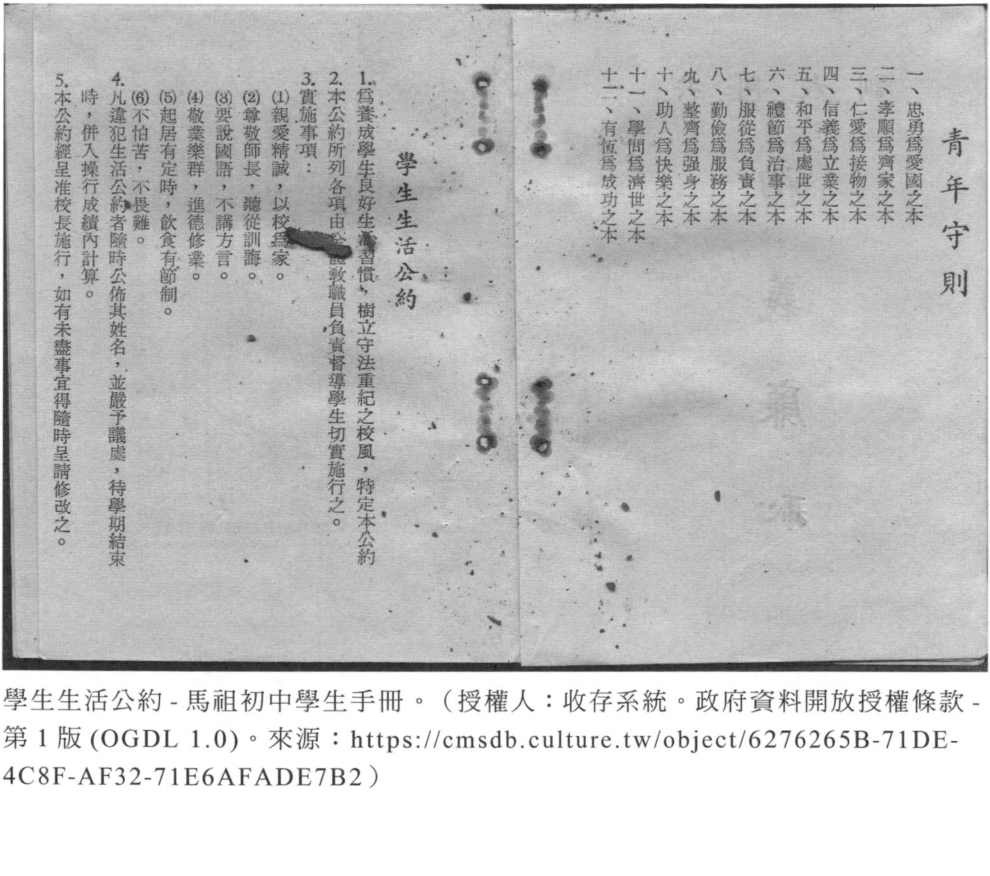

青年守則

一、忠勇爲愛國之本
二、孝順爲齊家之本
三、仁愛爲接物之本
四、信義爲立業之本
五、和平爲處世之本
六、禮節爲治事之本
七、服從爲負責之本
八、勤儉爲服務之本
九、整齊爲强身之本
十、助人爲快樂之本
十一、學問爲濟世之本
十二、有恆爲成功之本

學生生活公約

1. 爲養成學生良好生活習慣，樹立守法重紀之校風，特定本公約
2. 本公約所列各項由全體教職員負責督導學生切實施行之。
3. 實施事項：
(1)親愛精誠，以校爲家。
(2)尊敬師長，聽從訓誨。
(3)要說國語，不講方言。
(4)敬業樂群，進德修業。
(5)起居有定時，飲食有節制。
(6)不怕苦，不畏難。
4. 凡違犯生活公約者隨時公佈其姓名，並嚴予議處，待學期結束時，併入操行成績內計算。
5. 本公約經呈准校長施行，如有未盡事宜得隨時呈請修改之。

學生生活公約 - 馬祖初中學生手冊。（授權人：收存系統。政府資料開放授權條款 - 第 1 版 (OGDL 1.0)。來源：https://cmsdb.culture.tw/object/6276265B-71DE-4C8F-AF32-71E6AFADE7B2）

各方面與中華文化夢幻聯動！

一九四五年十月二十五日，臺灣省行政長官公署正式開工，為了清除日本統治留下來的痕跡，不到一個月，立刻公布〈臺灣省各縣市街道名稱改正辦法〉，內文說道：「凡是具有紀念日本人物、伸揚日本國威、顯明為日本名稱的街道名稱，均應改正。」

那要怎麼改？改名的原則依據有四條：

一、發揚中華民族精神者：如中華路、信義路、和平路。

二、宣傳三民主義者：如三民路、民權路、民族路、民生路。

三、紀念國家偉大人物者：如中山路、中正路。

四、適合當地地理或習慣，且具有意義者。

後來，又來了一位上海工程師叫做鄭定邦，他帶來故鄉上海以中國地名規劃街路名的做法。他先將一張中國地圖蓋在臺北地圖上，中軸線對準中山南北路，再將地圖上的中國地名一一填上臺北街道。所以，臺北的街道名稱與中國的地理位置幾乎可以完全相互呼應。例如松江路、吉林路在臺北市的東北方；溫州街、潮州街在臺北市的南方，西南方則有西藏路、成都路、桂林路。若是你處在臺北市的街頭又熟悉中國地理，看到眼前的街道名稱，就能一眼辨別自己所在的相對位置！

到了一九四九年國共內戰後，臺灣成為維繫中華民國政權的關鍵命脈，更被積極打造成反共堡壘。當時的中華民國自詡為世界核心的傳統中國文化保存者，現代中國文明的真正代表。因此，做為中華民國的國民，我們必須認知到自己是炎黃子孫，我們要從建國悠久、文化燦爛的五千年歷史中，認識中華民族的傳統精神，我們要相信自己就是中華民族復興的最後希望！

所以，我們一定要講「國語」，講國語就等於愛國！那個年代的學校會組成國語糾察隊，要求學生們互相監視，一旦學生被抓到講方言，可能會被罰款、青蛙跳、打手心，或者直接掛著「我愛說國語」的狗牌到司令臺上罰站。不僅學生如此，教育廳更是嚴格下令師長們必須以身作則：「各中小學教職員在校時間必須一律使用國語，校長尤應以身作則，並負監督、指導、考核之責……各中小學教職員參加學生家長會必須使用國語。如與會人士多數不懂國語，再用方言翻譯，俾使不懂國語者有聽國語之機會，並向學生家長懇切說明學習國語之重要。」

過去全臺灣各間中小學的穿堂、司令臺及作業本，總是寫著兩行大大的字：「做個活活潑潑的好學生，做個堂堂正正的中國人」。曾幾何時，我們不僅將中國的歷朝歷代倒背如流，就連中國各省的鐵路、礦產、農作物也記得一清二楚。那時的全臺民眾幾乎都能哼唱個幾句：「中國一定強，中國一定強，你看那民族英雄謝團長……」「三民主義實行，中華民國復興！中華復興，民國萬歲！中華民國萬萬歲！」不會唱沒關係，代表你還年輕，你只要知道其中後者的歌詞還是當時的總統蔣中正親自寫的呢！

這是歷史的弔詭，住在臺灣的我們，曾經比中國更懂中國。

然而，中華文化不僅僅只是街道名稱的改變或是精神文化上的灌輸，而是實實在在的族群融合！一九四五年開始到一九五〇年代，從中國陸續移入臺灣的外省籍移民大約有一百萬人，而一九四五年的臺灣人口大約僅有六百萬左右，一百萬的外省移民加進來所占比例可不小！這群來自中國各地的外省籍軍民來到臺灣，不僅帶了行李包袱，也帶來中華文化的傳承，其中例如家鄉的美食：饅頭、水餃、刀削麵、沙茶醬、蔥油餅、酸菜白肉火鍋……。

位於新竹市建功一路的空軍眷村—忠貞新村。（出處：維基百科）

但是，這些來自五湖四海的各方味蕾：南甜、北鹹、東辣、西酸，搬到臺灣後頓時比鄰而居，只能擠在政府特別安排給他們居住的小小「眷村」。而眷村家庭習慣共用廚房，輪流到彼此家裡用餐。長期相處下來，大江南北的飲食習慣相互影響下，許多新的菜色便誕生了！例如代表臺灣的國民美食牛肉麵，紅燒的手法來自上海菜；豆瓣醬、花椒、八角的使用來自四川麻辣口味，必加的酸菜則源自於粵東地區。

我認同「味覺不會欺騙人」，然而我們的山東餃子早就不是山東的餃子，我們的山西麵館也早就不是山西的麵條。臺灣牛肉麵是最好的例證，每一碗端上餐桌的麵條其實都透露著戰後臺灣複雜的移民互動。每一口嘗起來的滋味，不是思古懷鄉之情，而是屬於我們這塊土地的五味雜陳。

## 我的臺灣價值提高了

時間來到了一九七〇年代，那是臺灣外交史上最黑暗的時代：一九七一年退出聯合國，一九七二年與日本斷交，一九七八年與美國斷交。唉，歸去來兮，請息交以絕遊！既然大家都不想跟我做朋友，我為什麼還要花力氣向外求呢？

這時候，我們可不可以好好停下來，看看臺灣自己真實的樣子。被國際孤立的我們，就算全世界都與我們為敵，就算一個人孤單得可以，至少我們還有自己。於是在這個時刻，臺灣人開始試著將視線移回島內，嘗試關注本土議題，嘗試採用本土文化作為創作的靈感。我們開始跳自己的舞，唱自己的歌，寫下自己的故事。

臺灣當代的鄉土小說家黃春明寫下了〈蘋果的滋味〉一文，故事裡阿發與家人為了改善貧困的生活，來到北部討生活。不幸的是阿發發生了車禍，幸運的是，撞到阿發的是美國駐臺的格雷上校；不幸的是，阿發兩條腿都斷了！但幸運的卻是阿發所處的環境，從違章建築來到了潔白明亮的美國醫院；不幸的是，阿發可能再也沒辦法回到工地工作。幸運的是，美國上校不僅願意賠錢還送來蘋果，更將阿發女兒送到美國讀書。

車禍被撞的悲劇竟是全家翻身的起點，在不幸與幸運之間，如同蘋果的滋味，咬下去並沒有想像中甜美，結局似乎帶點酸澀。故事明顯透露出臺灣社會的城鄉差距、階級差異，讓我們對於小人物清苦窘迫的生活有著不少感慨。更暗諷了當時的臺美關係，縱然美國對臺政策隱含著許多壓迫與不公，然而人們依然被利益驅使，緊抱著美國大腿懷抱無限感激，就像阿發的妻子與小孩咬下蘋果，感到「嚼起來泡泡的，有點假假的感覺」。

臺灣校園民歌運動的催生者李雙澤，則是致力於呼籲臺灣人「寫自己的歌，唱自己的歌」，他第一次遇到原住民歌手胡德夫的時候，胡德夫在中山北路的哥倫比亞大使館咖啡廳駐唱，但是主要唱的都是西洋歌曲。當時李雙澤倒了一杯酒給胡德夫說：「聽說你是卑南族？你們有沒有自己的歌？唱一首你們自己的歌吧！」

胡德夫只好勉為其難地憑著印象，用族語哼演唱了卑南族的傳統民謠〈美麗的稻穗〉。他本來以為現場沒人聽得懂，臺下應該一片鴉雀無聲。沒想到，這首歌一唱完，現場觀眾立刻熱烈鼓掌，還加碼要求安可！

一九七六年十二月三日，淡江大學舉辦「西洋民謠演唱會」，李雙澤甫一登臺便高舉著手中的可樂瓶子，大聲問候臺下觀眾：「當全世界的年輕人都喝著可樂，唱著英文歌的時候，請問我們的歌在哪裡？」接著他不顧眾人眼光，拋開手中可樂瓶，拿起吉他連續唱了四首臺灣民謠〈補破網〉、〈恆春之歌〉、〈雨夜花〉、〈望春風〉，台下有的是噓聲，然而更多的是熱烈的掌聲！

即便李雙澤隔年因為在淡水海邊拯救溺水的外國遊客而不幸淹死，得年才二十八歲。然而，在李雙澤登高一呼，揭起淡江事件後，民歌運動便風風火火地在校園延燒至少十年以上！

我們的歌是青春的火焰　是豐收的大合唱　我們的歌是洶湧的海洋　是豐收的大合唱

——〈老鼓手〉作詞：梁景峰　作曲：李雙澤

一九八七年隨著政府解嚴，國語政策亦逐漸鬆綁！隔年客家人發起「還我母語運動」大遊行。當時客家鄉親總共包了二百多輛遊覽車呢！陣仗龐大的客家人以祖籍在廣東省香山縣的國父孫中山先生做為榮譽總領隊，他們將孫中山銅像放在隊伍最前面，象徵國父率領客家子弟，向政府抗爭。總指揮則用客語大聲念出〈祭告孫中山先生文〉：「崖等客家後輩，企到若靈前，拜請爾在天之靈，保佑客家人團結和氣，使客家話永遠流傳！」

一九九〇年，林強用閩南語高唱〈向前走〉：「哦！再會吧 Oh! Tsài-huē pa!。哦！啥物攏不驚 Oh! Siánn-mí’ h lóng m̄ kiánn」，他採用母語結合搖滾樂，唱出了外地年輕人北上打拚的決心，也唱出年輕人企圖開創新時代的勇氣！才解嚴沒幾年，林強創造出一張賣出超過四十萬的閩南語專輯，〈向前走〉這首歌還拿到了第三屆金曲獎的最佳年度歌曲獎！

我不知道風是在哪一個方向吹，但風向是真的變了！

# 臺灣，是文化的熱帶雨林

韓戰爆發後，美援的到來，讓臺灣在政治、經濟、軍事上皆高度仰賴美國爸爸的照顧，自然也無可避免地形塑出臺灣幾乎一面倒的親美文化。臺灣曾經流行過這樣的口號：「來來來，來臺大；去去去，去美國。」美國的一切就是潮，一九五〇年代人們為貓王唱著鄉村搖滾的帥氣搖擺尖叫，到了今天，我們進場欣賞好萊塢電影，為阿湯哥玩命熱血的空中神技喝采，美國文化一直是引導臺灣流行的指標之一。

一九九〇年代，臺灣出現「哈日族」的名詞，指的是熱衷崇拜、極度喜好日本文化的族群。經歷過那個年代的人都知道，我們從小看日本動漫，玩任天堂紅白機，排隊搶購 Hello kitty，瘋狂追逐日劇。就算 BGM 配著冰冰姐在跨年晚會唱的〈First Love〉，我腦海中還是可以浮現松嶋菜菜子與瀧澤秀明不顧一切、挑戰禁忌的師生戀劇情。即便「哈日族」這個詞已經步入歷史，臺灣人對於日本文化的大量接收與認同，在今天仍然無處不在，光看我學生有多少動漫宅、hololive 粉就知！

二〇〇〇年後，是韓流的時代。我記得，有一年童軍露營的晚會表演，十個班裡面有十個班都選擇跳 Super Junior 的〈sorry sorry〉，再幾年則是 BTS 的〈Fire〉

有此榮景！身為一個老師，如果不聽K-POP，不看韓劇、韓綜，幾乎無法進入青少年宇宙。為此，我甚至會在家進行密集特訓，努力看著韓團成員的照片，逼自己一一指認出他們到底是誰。

近年來，臺灣的新住民與國際移工人數不斷增加，為此，臺灣許多地方縣市政府會辦理穆斯林開齋節，讓更多臺灣民眾透過活動，能夠更深入認識移工的信仰文化。各地的街道巷弄內也開始隨處可見南洋美食招牌，越南河粉、沙嗲烤肉串、冬蔭功……都成了臺灣人日常飲食的選項之一。

從中華文化到本土文化，再到不同國家的外來文化傳入，臺灣的社會文化就像熱帶雨林一樣，物種多元，姿態各異，各類文化在這裡落地生根，繁衍互動，形成綿密交織錯落有致的生態系統。越多元，越熱鬧；越包容，越有生機。只要我們願意努力涵納文化的多樣性，就能把臺灣的文化長成一束光，發射出所有的美好。

HISTORY110

# 開箱臺灣史

作者　吳宜蓉
責任編輯　龔橞甄
校對　劉素芬
封面設計　王瓊瑤
內頁排版　江麗姿

總編輯　龔橞甄
董事長　趙政岷
出版者　時報文化出版企業股份有限公司
一〇八一九　臺北市和平西路三段二四〇號四樓
發行專線　（〇二）二三〇六六八四二
讀者服務專線　〇八〇〇二三一七〇五
（〇二）二三〇四七一〇三
讀者服務傳真　（〇二）二三〇四六八五八
郵撥　一九三四四七二四　時報文化出版公司
信箱　一〇八九九　臺北華江橋郵局第99信箱

時報悅讀網　www.readingtimes.com.tw
法律顧問　理律法律事務所陳長文律師、李念祖律師
印刷　勁達印刷有限公司
初版一刷　二〇二三年五月五日
初版十五刷　二〇二四年九月十二日
定價　新台幣三五〇元
（缺頁或破損的書，請寄回更換）



開箱臺灣史 / 吳宜蓉著 . -- 初版 . -- 臺北市 : 時報文化出版企業股份有限公司 , 2023.05
面；　公分

ISBN 978-626-353-703-3( 平裝 )
1.CST: 臺灣史 2.CST: 通俗作品

733.2　　112004551

ISBN 978-626-353-703-3
Printed in Taiwan